私たちの「東京の家」
Our Eclectic Tokyo Home

尾形一郎　尾形優
Ichiro Ogata Ono　Yu Ogata

羽鳥書店

Our Eclectic Tokyo Home
Ichiro Ogata Ono, Yu Ogata
Hatori Press, Inc., 2014
ISBN 978-4-904702-47-5

私たちが住んでいる家は、東京の住宅街にある。
The house where we live is located in a residential neighborhood in Tokyo.

世界各地で撮影してきた写真のイメージをもとに、家をつくり続けてきた。
We have continued building this house based on photographic images taken all over the world.

私たちの「東京の家」は、生活の場であり、制作の場である。
Our Tokyo Eclectic House is both the place where we live and the place where we create.

序文──撮影することから私たちの家づくりは始まった

Introduction: Our House Building Project Grew Out of Our Photography

家というものは、どのような形態であれ、編集された人生が投影されてしまう場所だ。このまま世界がますますグローバル化し、人の移動が加速してしまうと、安定した世界観と結びつく自分の存在を編集するのは困難になってくる。人間は自分の存在を確かめるために、固有の文化とか独自のアイデンティティーを自身のレイヤーに重ねておきたいという方向に向かうだろう。そのときは、家にも同じような運命が託されるかもしれない。

　東京は極めて近代的未来的な都市でありながら、原始的なアニミズムの影が付きまとう、世界で一番コンテキストが壊れた特異地点でもある。東京のような国際都市では、世界各地から人やモノ、文化の出入りが常に流動的で、何が東京なのかと言われてもなかなか難しい。私たち夫婦は東京育ちだが、一郎が生まれたのは京都のアメリカ人医師の病院だし、優は幼少時代をドイツで過ごしている。その後は東京都

No matter what form it takes, a house is a projection compiled from the events of a person's life. As the world continues globalizing and people move from place to place with increasing speed, it becomes difficult to compile an existence for one's self that reflects a stable worldview. People tend to want to affirm their own existence by taking on layers of specific cultures and a unique identity. In such cases, the same destiny may be assigned to their houses.

　Even though Tokyo is a modern, futuristic city, it is a unique location haunted by a primitive animism and yet with a more fractured context than any other city in the world. In an international city like Tokyo, people, things, and cultures continuously flow in and out, so it is difficult to state exactly what Tokyo is. Both of us grew up in Tokyo, but Ichiro was born in a hospital run by an American doctor in Kyoto, while Yu spent part of her early childhood in Germany. Our later memories of Tokyo are not centered on any specific neighborhood or house, as we moved several times within the city, from industrial districts to residential districts, and the houses we lived in ranged from concrete apartment blocks reminiscent of the former Soviet Union to traditional wooden detached houses to houses built from two-by-fours imported from the United States. All we remember are unchanging images that include countless rail lines running parallel to

内を何度も引っ越していて、東京といっても工業地帯から住宅地、住宅のスタイルも旧共産圏のようなコンクリートの団地から、伝統的な木造一戸建て、アメリカから輸入したツーバイフォーと、特定の街や家の記憶にとどまらない。唯一、何本もの電車が並行して走るさまや、ジェットコースターのように張り巡らされた高速道路、密集する繁華街の明るさなどはずっと変わらない東京の風景のように思う。また、年に何度もしてきた海外旅行のおかげで、東京の記憶というと、帰国時の成田空港が一番新鮮だったりする。シーンと静まり返った無表情なグレーの空間だ。1990年代の初めにイタリアに半年ほど行っていた時、次にどこか面白い撮影場所はないかと、ミラノの書店で本をあさっていた。世界地図の一番右にある面白そうな国を見つけて、「こんな端っこに凄そうなところがある、次はここを撮影しよう」と、本のタイトルをよく見たら『Tokyo』だった。愕然としたが、私たちにとっての東京はそういうところなのだ。

　　　　　日本のバブル経済が崩壊した1991年の暮れ、都心のマンションを引き払って郊外の古い住宅地に引っ越した。そこは一郎の実家で、祖父が建てた古い木造家屋に両親が住んでいた。しばらく同居しながらここを建て直して、妹の世帯も含む3世帯の集合住宅を計画することになった。私たちは二人とも建築学科の出身だったので、自邸を作ることは本来もっとも楽しいことのはずだが、当初はまったく気が乗らなかった。東京のような流動的な都市で、定住する家のイメージが描けなかったのだ。

one another, expressways superimposed on the urban landscape like the tracks of a roller coaster, and the bright lights of the densely packed entertainment districts. Thanks to the overseas trips we take several times a year, our freshest image of Tokyo is that of the arrivals area of Narita Airport, a quiet, expressionless, gray space. Early in the 1990s, we spent about half a year in Italy, and as we were wondering where our photographic adventures would lead us next, we searched through a book in a bookstore in Milan. We found an intriguing country on the right edge of the world map. "There's a weird country on the edge. Let's photograph it next," we thought. But when we looked at the title of the book, it was *Tokyo*. We were astonished, but Tokyo was that kind of place from our point of view.

　　　　At the end of 1991, the year Japan's bubble economy collapsed, we gave up our condominium in the city and moved to an old residential area in the suburbs. It was Ichiro's childhood home, and his parents were living in an old wooden house that his grandfather had built. We lived with Ichiro's parents, and we made plans for a communal dwelling that would house three households, including Ichiro's younger sister. Since both of us had studied architecture, building our own home should have been one of the most enjoyable things we could have done, but at the outset, we were completely

この住宅地は、東京の中でも外国人の居住者が多いところだ。午後のひと時、ドイチェシューレやセントメリーズのスクールバスから次々と子供たちが降りて来る。迎えに来た親たちからドイツ語や英語が飛び交っている。近くの修道院の鐘が昼夕に響き渡るが、音だけ聞いているとイタリアにいるのではないかと思うこともある。東京といってもいろいろあるわけで、我が家の立地する東京は、日本という文脈がもっとも見えにくい場所の一つだろう。現代の私たちは、世界のいろいろな場所を旅することができるし、様々なメディアによっていろいろな過去の歴史をたどることもできる。グローバリズムの名の下に、モダニズムや民主主義といった、西洋近代が作り上げた汎用的な価値基準が、異なった場所と時間を等価につないでいるからだ。しかし世界はつながることによって、対立と矛盾を抱え込んだ複雑な構造をつくり出してきた。その複雑な世界的構造と、私たちの生活の関わりを表現するとしたら、家はどのような形になるだろうか。

　私たちが惹かれるのは、過酷な自然条件の中で、多様な文化が幾重にも重なり形を成しているものだ。世界的な文化の広がり、歴史的な時間、科学技術、社会問題、死生観、制作者のアイデンティティーなど。過去につくられた建築を訪ね歩くと、そうした文化の重なりや、人の心の総体を映し出したかのような姿に出会える。そういうとき、重なる層の一断面を瞬時に切り出せるのが写真だ。構築されてきた文化を

unmotivated. We were unable to envision a stable house in a fluid city like Tokyo.

　This residential area has one of the highest concentrations of foreign residents in Tokyo. For a time in the afternoon, one can see school buses from the Deutsche Schule (German School) or St. Mary's International School letting children off to be met by parents who converse in German or English. The bells of the nearby monastery echo across the area day and night, and just hearing them makes us feel as if we are in Italy. Tokyo has many faces, and the part of Tokyo where our house would stand was one of the places where the Japanese context is most difficult to perceive. Those of us who live in the present era can travel throughout the world and retrace the past through various media. Modernism, democracy, and other universal values and standards created in the modern West have led to the homogenization of different places and times under the name of globalism. However, these links to the rest of the world have created complex structures replete with conflicts and incongruities. We wonder what kind of form a house would take if it embodied this kind of complicated global structure and represented the connections of our lifestyles to these structures.

　We are attracted to things whose forms are the result of layering diverse cultures over one another under harsh natural conditions: the expansion of world cultures, their

一枚の平面に同時処理することができる。異文化が衝突している場所では、より多様な文化の層が交差する。短い期間に複数のレイヤーが集中し、文脈が壊れて変質した特異地点の建築を見つけて、撮影することから私たちの家づくりは始まった。

　私たちはまず、自分たちの記憶や出来事を投影できる建築特異地点を探し、写真に定着させることに注力する。そして東京に戻り、その写真イメージをもとに材料を選んで「東京の家」をつくる。そして今度は、つくった家のイメージから新たな撮影地点を探す。こうした文化の吟味と材料の選択という、エクレクティックな作業が20年以上繰り返されているのが、私たちの「東京の家」だ。ここは旅の拠点なので完成されることはなく、制作の内容によって生活も変化し続けている。

　現代社会では、これまで時間をかけて一つひとつ継次処理してきた問題を、コンピュータが瞬時に同時処理してしまう。人はインターネットでつながれたサイトを、迷宮をさまようように巡る一方で、そのサイトの連なりを俯瞰して世界の構造を垣間見る。私たちの写真も、それぞれのシリーズのあいだで、時間と場所に継次的な隔たりがある。写真の内容を建築に変容させることで、異なるシリーズの写真も建築の中で同時処理され、同じ時間と空間に存在できる。すべての写真体験は「東京の家」に包み込まれていく。

　なお、本書で各写真に添えられたキャプションは、直前のページに記し、必

historic times, science and technology, social problems, views of life and death, and the identities of the creators. As we visit architecture created in the past, we feel as if we are encountering forms that reflect layers of culture and an overall view of people's hearts. At such times, photographs can capture a cross-section of these layers in an instant. We can simultaneously process the cultures that have been constructed on one flat surface. In places where different cultures collide, more varieties of cultures also intersect. Our house-building project began with finding and photographing architecture in unique places where cultural layers had accumulated in a brief time but where the cultural context had been lost and transformed.

　We first looked for specific architectural locations that we could project our own memories onto and made an effort to fix them in photographic form. Then we returned to Tokyo and chose materials based on those images. Now we will seek out new places to photograph from the images of the house we have built. For more than twenty years, we have been engaged on and off in the eclectic task of considering cultural elements and selecting materials for our Tokyo Eclectic House. As the base for our travels, Tokyo Eclectic House will never be completed, and we are continuing to modify our lives based on the nature of our creative activities.

ず本文のどこかに含まれている鍵となるセンテンスを使った。キャプションとして切り取られた部分だけを見ると、文章に組み上がってしまう前の詩のような草稿をたどることができる。

      In our modern society, computers can solve instantaneously and simultaneously problems that we formerly had to solve one by one in succession. People wander through linked sites on the Internet as if in a labyrinth, but gaining an overview of the links among the sites allows them to glimpse the structure of the world. Our various series of photographs are separated by time and place. Turning the content of our photographs into architecture is like simultaneously processing the photos into a building, so that they exist in the same time and place. We will take all our photographic experiences and incorporate them into our Tokyo Eclectic House.

      Note that the captions that accompany the photos in this book are all key sentences that can be found in the main text. If you only look at the phrases excerpted to serve as captions, you can trace a rough draft something like a poem note yet molded into sentences. Our creative process encompasses simultaneous inspiration from poems, discussions, photographs, buildings, and models.

「東京の家」を巡る世界地図

A world map showing the areas that inspired Tokyo Eclectic House

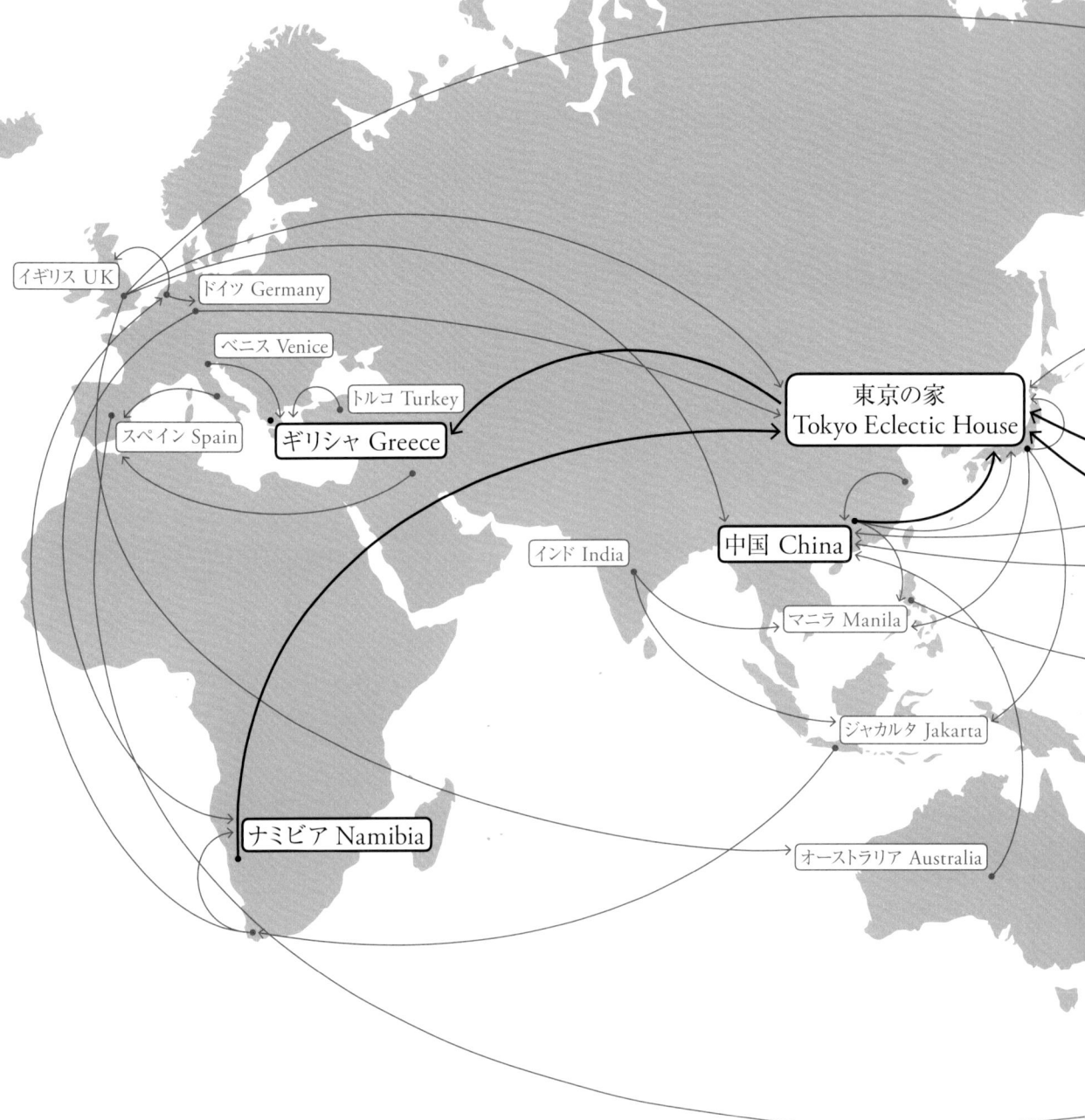

撮影地に選んだのは、世界の辺境に残る異文化が衝突した場所だ
The places we chose for taking photographs were places in remote areas where different cultures had collided.

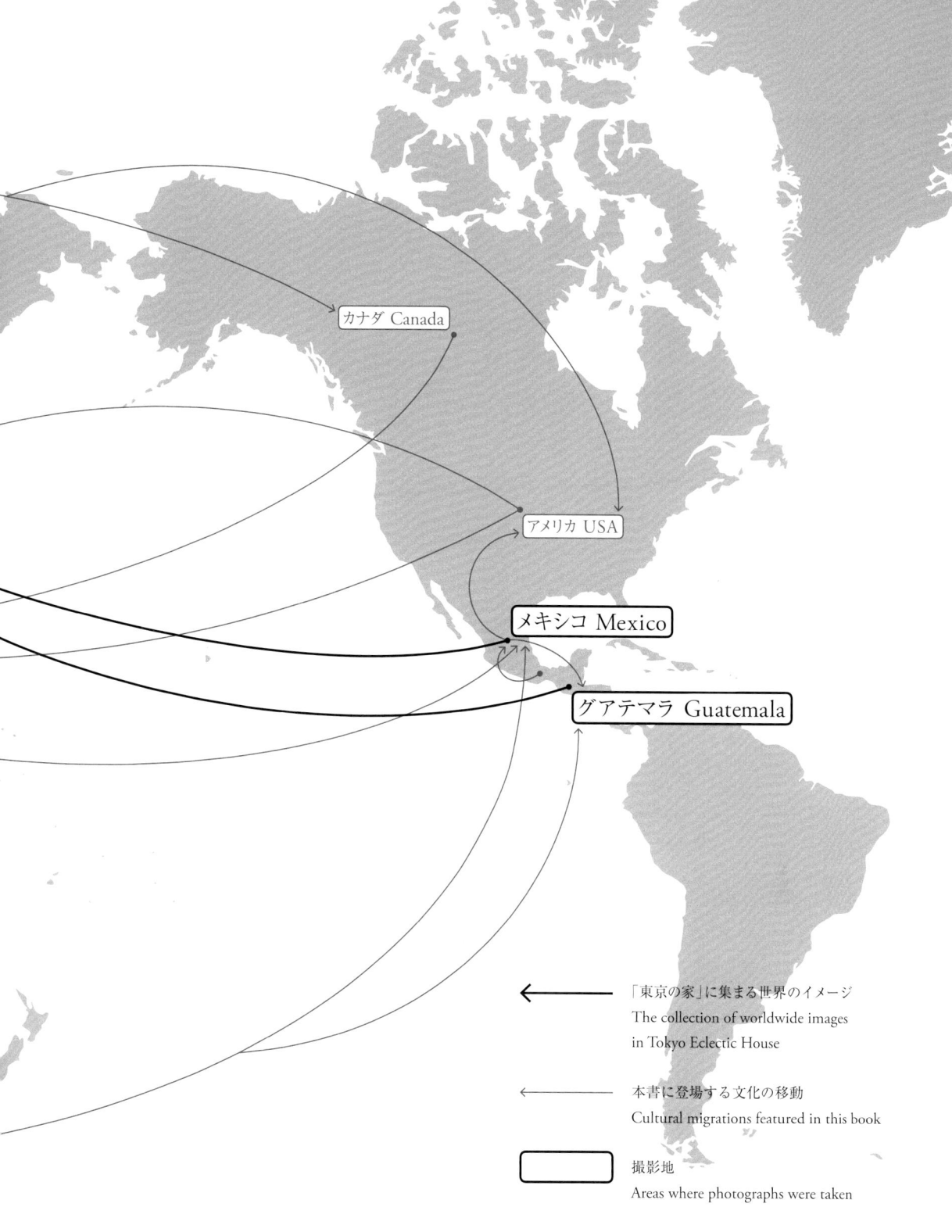

目次

序文──撮影することから私たちの家づくりは始まった ──────── 007

グァテマラ──巨大地震の記憶を建築現場に重ねる ──────── 016

メキシコ──写真が内包する宇宙を建築に変換する ──────── 032

日本──迷宮を大型プリントで再構築する ──────── 064

ナミビア──二人の原風景を一つにする ──────── 080

中国──ディスレクシアの世界を鉄道模型で再現する ──────── 108

ギリシャ──「東京の家」を再発見する ──────── 140

Table of Contents

Introduction: Our House Building Project Grew Out of Our Photography ──────── 007

Guatemala: Building Sites with Layered Memories of Massive Earthquakes ──────── 016

Mexico: Converting the Universe Encompassed
       by the Photographs into Architecture ──────── 032

Japan: Reconstructing a Labyrinth in a Large-Sized Print ──────── 064

Namibia: Integrating Our Archetypal Images ──────── 080

China: The World of Dyslexia Recreated in a Model Railroad ──────── 108

Greece: Rediscovering Tokyo Eclectic House ──────── 140

私たちの「東京の家」

Our Eclectic Tokyo Home

グァテマラ──巨大地震の記憶を建築現場に重ねる

Guatemala: Building Sites with Layered Memories of Massive Earthquakes

私たちの街の一番はずれ、小高い丘の上に800年前に創建された神社がある。曲がりくねった急な石段を登って視界が開けると、川の向こうに絵のような富士山が見える。江戸時代の浮世絵に、江戸（東京）の街の背景に富士山が描かれているのが印象的だが、私たちも子供の頃から、今日は富士山が見えたとか、雲に隠れたとかいう話をしてきた。江戸時代の噴火では江戸の街も火山灰をかぶったそうで、赤い炎をあげる溶岩流を吐き出し、人々の暮らしに脅威をあたえる火山は、この国では神聖視された神の住まいだ。太古の昔から自然の火、大地の中にある火は信仰の対象であり、この山のアイコンは今日でも厚い信仰を集めている。

このように、日本の伝統的な文化の形を特徴づけているのは、この地域の扱いにくい自然だ。大昔から頻繁に繰り返されてきた火山噴火、地震、津波、台風、洪水などは、自然を恐れ、敬うという日々の心の持ち様を方向づけてきた。日本では、家で

On a small hill at the edge of our neighborhood stands an 800-year-old Shinto shrine. The view that opens up before you after you have climbed the steep, warped stone steps reveals Mt. Fuji beyond the river, looking like something out of a painting. Ever since our childhoods, Mt. Fuji has been a topic of conversation: "It was visible today" or "It was clouded over." The great volcano that threatened people's lives was seen as divine, as the home of gods. Plagued by frequent volcanic eruptions, earthquakes, tsunamis, typhoons, floods, and other disasters, the Japanese people came to maintain a constant fear and respect for Nature. At the beginning of any kind of construction project, whether it is a house or a tunnel, a Shinto priest is summoned to pray to the gods who are believed to inhabit that location, asking for safety during construction and happiness for the family

もトンネルでも、工事を始めるときには必ず神主が来て、土地に鎌や鋤を入れ、酒を撒き、エイエイと言って邪気を払う。「地鎮祭」といい、その土地に存在すると信じられている神に祈って、工事の安全と住まう家族の幸福をお願いするのだ。日本は世界的に先進国でありながら、唯一このような原始宗教が残り、一見合理的に見える生活の背後にアニミズム的な宗教観が生きている。八百万の神というが、日本の神は山や海、樹木、動物など宇宙のあらゆる事物に宿る神聖な力である。現代でも地鎮祭が行われているのは、建築や土木技術によって自然を制圧することは不可能で、それ以外の見えない力にも託したいと考えているからだ。

　　　中米グァテマラに、富士山とそっくりな火山と大地震で壊滅した首都——022-023 があるということを知って、初めてアンティグアを訪れたのは1985年のことだ。美しい神聖な山の背後に潜むこの世の終わり——030、富士山の噴火と首都圏直下型地震という、子供の頃から恐れていたイメージと重なった。地球の反対側に、同じような運命を生きた街があった——019。最近の地震でさらに崩れ落ちたものもあるが、廃墟が撤去されたり、修復されたり再建されたりすることがない。廃墟とボルカン・デ・アグア火山が舞台セットのように現代の街に取り込まれて、人々の日常の暮らしがある。私たちが滞在していたホテルは、廃墟になった修道院の一部を改築していて、時間感覚を失い、この世の終わりがそのまま続いているような建物だった。毎

who will live in the house. Even though Japan is an advanced country, it is unique in retaining this primitive religion, so that even though people's lives seem, at first glance, to be based on rationality, animistic religious views survive in the background. That is because they believe that it is impossible to subdue Nature with construction and civil engineering technology and want to delegate that task to other, unseen forces.

　　　When we learned that the Central American country of Guatemala had a capital that was destroyed by a major earthquake and a volcano——022-023 that looks just like Fuji, we made our first trip to Antigua in 1985. The end of the world concealed behind a beautiful sacred mountain——030 overlapped with our life-long fearful images of eruptions of Mt. Fuji and earthquakes centered directly under Tokyo. And there was

019 | 地球の反対側に、同じような運命を生きた街があった
There was another city on the other side of the world living with the same destiny.
アンティグア, グァテマラ　Antigua, Guatemala
1992　35 mm film

日、屋根が崩れ落ちた大きな聖堂を見ながら、真ん中に噴水のあるスペイン風の中庭で二人だけの朝食をとった。食べている行為はいつもと同じなのに、まだ夢を見ているようで、どこか遠い時間にワープしてしまいそうだ。人類が終ってしまった後で、最初の朝食に呼ばれたような感じがする。

　　　　グァテマラは中南米でも先住民の人口比率が最も高い国の一つだ。マヤ族の市が立つチチカステナンゴを訪れると、教会堂の床に無数のロウソクの火がゆらめいているのに驚く。ひんやりとした静寂のなかに、民族衣装を着たたくさんの先住民女性が、少し高い音階の不思議なマヤ語で祈りながら火をつけていく。古代マヤの自然崇拝の名残が、床の火と撒かれた花びらに残されているのだろう。人々が祈っているのは、キリスト教の背後に隠された大地の神や火の神だが、往年のアンティグアでもこのような状況が展開されていたはずだ。スペイン植民地時代のグァテマラ総督府は、現在の中央アメリカの大部分とメキシコ南部を治め、1527年にシウダビエハに首都をつくった。しかし、わずか十数年後の1541年、地震とボルカン・デ・アグアの火山泥流に襲われて崩壊してしまう。そこで次の首都として建設されたのがアンティグアだ。アンティグアは何度も大地震に見舞われながらも生き延び、メキシコシティ、リマに次ぐ新大陸第3の都市として栄えた。街の郊外にまで点在する多数の教会堂の廃墟を訪ね歩くと、往年の都の繁栄ぶりがしのばれる。それでも1773年のサンタ・マル

another city on the other side of the world living with the same destiny──019.

　　　Some of the buildings have been toppled in recent earthquakes, but the ruins of the magnificent Baroque buildings have not been removed, repaired, or rebuilt. The ruins and the volcano Volcan de Agua are incorporated into the present-day city like a stage set, and people live their daily lives among them. When we returned to Tokyo with our exposed film and developed it, the ruins of the cathedral as seen in the negatives looked transparent, like X-ray photographs of a human body. That may have been because the contact point between the buildings and the ground and the cracks in the buildings appeared to be brilliant white, reminding us of the energy of magma and earthquakes. Or may it is because the heavy stones no longer looked substantial and the façades seemed

タ地震によって市街の大部分が破壊され、1776年に50キロほど離れた現在のグァテマラ・シティへと3度目の遷都が行われた。

　　グァテマラの建築は常に地震のための制約があった。壁は非常に厚く、梁幅は狭く、奥へ奥へと廊下のように細長く延びている。天井も低く、教会堂のファサードに付けられた2本の塔も異様に低い。塔というよりマヤのピラミッドのような段々状のものもある。それでも、鈍重な印象を少しでもやわらげるために繊細な装飾が付いている。フィリピンのバロック建築を研究している人が、大地震があるところにはバロックのような過剰装飾が発生すると言っていたが、私たちが撮影してきたイタリアやメキシコ、ネパール、中国、日本など、崩壊と再生を繰り返した地域の人たちは過剰に装飾する文化を持っている。構造とか理念を形にするよりも、現実的、具体的な生を視覚化することを求めている。

　　東京に帰ってからフィルムを現像して廃墟のネガを並べてみた。コントラストが極端に低いフィルムを2段階露光オーバーで撮影しているので、白黒ネガでもディテールがつぶれていない。ネガに反転された聖堂の廃墟は、人体のX線写真のように何かが透けて見えているようだ。建物の亀裂や大地との接点が白く光っているところが、大地のマグマ、地震のエネルギーを連想するからだろうか。それとも重い石の物質感が消え、ファサードがプラスチックのような可塑的な構造物に見えるからだ

like holograms.

　　At the end of 1997, we tore down the old Japanese-style house that our grandfather had built some 30 years before in order to build our Tokyo Eclectic House. Removing the old house revealed a layer of Kanto loam. Sunlight poured down on a sloop leading gently downward to the southwest, and the soil seemed to become one with the sky, making us feel like early hominids on Earth. The vision of the Tokyo Eclectic House that came to mind when we looked at the photos of Antigua was that of a sturdy building, rising like a living thing out of the Earth. It coexists with earthquakes——in the form of a rough concrete structure that looks like a civil engineering project. Large, rough concrete walls that call to mind ruins and stone caverns and heavy concrete ceilings

022———023 ｜ 火山と大地震で壊滅した首都
A capital that was destroyed by a major earthquake and a volcano
聖堂, グァテマラ　Temple, Guatemala
1992　4×5 inch film

ろうか。

　　1997年の暮れ、私たちの「東京の家」を建てるために、30年前に祖父が建てた古い日本家屋を取り壊した。古家がなくなると関東ローム層の大地が現れた。南西に下がる緩やかな斜面に日がさんさんと降り注ぎ、ここが東京であることを忘れた。太陽を見上げていると、大地が天空と一体になり、自分たちはただの地球原人になる。ここから富士山は、あいにく丘の上にある神社に連なる古墳に遮られて見えない。川べりにある大きな古墳が富士山を拝むようにつくられているからだろう。しかし、私たちの新しい家の正面は正確に富士山に向かい合う。アンティグアの写真を眺めて浮かんだ「東京の家」のイメージは、大地にしっかり根付いた強い生物のような建築だ。それは土木構造物のように無骨な風貌で地震と共存する──031。後に東京で、いくつかのクライアントの家を設計することになったとき、コンクリートの家が土の中からニョキニョキ生えてくる姿を想像した。大地に次々に新しい生命体が生まれて、またいつか滅んでゆく。その心象風景は、アンティグアの街に点在する壊れかけた教会堂の風景に重なる。

　　東京の城南地区は、世界でも稀に見る生コンクリートのプラントが多いところで価格も割安だ。住宅といえばアメリカは2×4、中南米はコンクリートブロック、ヨーロッパではプレファブリケーションされたキットを組み上げているのをよく見

that cut across the sky. In most places around the world, it is only in massive construction projects or civil engineering projects that one puts together a formwork and pours concrete. Pouring concrete onsite when building a small or medium house is one of the special techniques that Japanese builders are particular skilled at. A shared esthetic that favors rational applications of technology, formwork carpenters and other fully qualified artisans, and unpolished surfaces.

　　What undergirds this esthetic is an image of concrete being sturdy and able to withstand earthquakes, typhoons, fires, and other natural disasters. On our building site, we employed the hollow core slab building technique, using a type of voided slab that is not often used on small projects the size of a private home. The silver-colored

かけるが、東京ほど住宅地をコンクリート・ミキサー車が走り回っているのは見たことがない。工事現場で型枠を組んでコンクリートを打設するというのは、海外では極めて大規模な建築か土木工事でしかやらない。中小の住宅規模でコンクリートの現場打ちは日本のお家芸だ。ぎりぎりまで理詰めでつくられる技術と型枠大工などの優秀な人材、打ち放した表面に対する共通した美意識。それを支えるのは、地震や台風、火事などの自然災害に強いコンクリートのイメージと、木造や鉄骨造と違って、主な材料であるセメントと砂利が近場で調達できる経済性だ。ここでは、本来なら巨大な建造物をつくる技術を小さな住宅にもってくるという、日本ならではの和様化が起きている。コンクリートの肌がツルツルに磨かれていたり、型枠を留めるピーコンの穴がきれいに並んでいたりする様は、まるで工業製品のようだ。しかし、私たちの家では表面の美しさよりも、すでに遺跡になってしまったような永遠の時間感覚を表現したい。そこには古くから修道士や修行僧が瞑想していた石窟のイメージも重ねる。遺跡や石窟を連想させる大きく無骨なコンクリートの壁、かなり上空を横切る重々しいコンクリートの天井。打ち放しコンクリートの表面も、トンネルやダムのような荒々しい仕上げを指示した。

　　　　　住宅のスケールではあまり使われない中空スラブ工法も採用した。床面に並ぶ銀色のパイプはコンクリートの床板に空隙を残すために入れておくもので、梁のな

pipes arranged on the floor surface are inserted to leave spaces in the concrete floor slabs, allowing construction of large spaces without the use of girders. When architects look at a building, they see in their mind's eye not only the completed surface forms but also the silver pipes on the construction site──026, the complex constructions of rebar, utility pipes, and other things that are buried inside the concrete. It may be fair to compare this viewpoint to the way a paint" er draws while looking at a person's skeleton or a physician examines a person's body, including the bones and circulatory system. In Baroque architecture, the most beautifully crafted parts are those covering the surface, but in earthquake-prone countries, contemporary architecture buries the most beautifully crafted parts inside the concrete──027. If you can imagine transparent concrete with

026 ｜ 建設現場の銀色のパイプ
　　　The silver pipes on the construction site
　　　「東京の家」　Tokyo Eclectic House
　　　1998　35 mm film

027 ｜ 一番美しく精巧な部分が内部に埋まる
　　　In earthquake-prone countries, contemporary architecture buries the most beautifully crafted parts inside the concrete.
　　　「東京の家」　Tokyo Eclectic House
　　　1998　35 mm film

い大きな空間をつくることができる。多少地盤の悪い土地でも杭が要らないので経済的だ。たいてい建築家が建物を眺める時には、完成した表面の姿だけでなく、こういう建設現場の銀色のパイプ——026 や複雑に組まれた鉄筋、設備配管など、コンクリートの中に埋まってしまうものも一緒に頭の中で想像している。画家が人間の骨格を見ながらデッサンするとか、医者が骨や血管を含めた人体を診る行為に似ているといえばよいだろうか。日本の地震工学の粋を集めた正確な計算根拠のもと、工芸品のように組まれる各種の鉄筋、鉄筋の間隔を正確に保つためのプラスチックのスペーサーは、どろどろのコンクリートに飲み込まれると二度と見ることができない。こんなに高密度に、複雑に鉄筋が組まれる現場は地震先進国以外ありえない。バロック建築では一番美しく精巧な部分が表面を覆うが、地震国の現代建築では、一番美しく精巧な部分が内部に埋まる——027。内部が透けて見えるような透明なコンクリートを仮想していると、アンティグアで撮ったレントゲンのような反転写真がシンクロしてくる。

　　新築の、引っ越したばかりの我が家は、コンクリートに窓が入っているだけだった。まだ電気が来ていなかったので、地下道のような家で暗い夜を過ごす。朝起きて最初に見えたのは、打ち放しコンクリートの天井と壁だ。打設時にコンクリートの表面を洗わないでもらったので、ベニヤ型枠の表面がそのまま写され、職人の靴の

the inner parts clearly visible, that will give you an idea of what we saw when we looked at the X-ray-like negatives that we took in Antigua.

　　When we moved into our newly constructed house, only windows had been set into the concrete. When the concrete was cast, we asked them not to wash it, so traces of the plywood remained, as did the footprints of the workers and stains from where the lime had flowed, creating something like an abstract painting. We liked those markings, so we have kept them down to the present day, and we have taken the chalked memos that indicate size and dimensions on the formwork used for laying bars and copied them exactly onto the ceiling. We kept working on the house while living in it, and we attached the silver-colored ducts and the electrical wiring so that they looked as if they

跡や、石灰分が流れた跡も加わり抽象絵画のようだ。現在でも大切に残してあるが、配筋工がチョークで型枠に書いた、鉄筋のサイズや寸法のメモもそのまま天井に転写されている。住みながら工事を進め、銀色のダクトや電気の配管をそのままコンクリートを這うように取り付けていった。廊下や階段、手すり、キャットウォークは、足場用のパイプやスチールの仮設階段、足場板でつくった。これらを移動して組み立てれば、再び家のどこにでも仮設足場が設置できるし、土木工事を思わせる内装は繊細な調度品を際立たせる。これから、この遺跡の修復現場のような空間に、扉や陶壁画、照明器具、ガラス作家につくってもらった無垢のガラス玉などを取り付けていく。

were crawling along the concrete. We made the hallway, stairs, handrails, and catwalks from the pipes used for scaffolding and the steel panels used for temporary staircases and scaffolding. We plan to take this space, which looks like the restoration site of an ancient building, and attach doors, mosaic murals, lighting fixtures, and the glass hemispheres that we had a glass paste craftsman make for us.

030 | 神聖な山の背後に潜むこの世の終わり
The end of the world concealed behind a beautiful sacred mountain
聖堂, グァテマラ　Temple, Guatemala
1992　4×5 inch film

031 | 地震と共存する
It coexists with earthquakes
「東京の家」 Tokyo Eclectic House
1998　4×5 inch film

メキシコ——写真が内包する宇宙を建築に変換する

Mexico: Converting the Universe Encompassed by the Photographs into Architecture

　　自分たちの頭の中には漠然とした「東京の家」のイメージしかなく、いざ図面を描こうとするといつも手がかりがなく頓挫していた。どういう材料でどのような形をつくったら、現代の東京にふさわしい自分たちの家が実現できるのだろうか。
　　1990年代は年に数回、場合によっては年の半分はメキシコに滞在し教会堂の撮影を続けていた。多くの撮影地点は情報の乏しい辺境にあり、インターネットの無かった当初は、詳細な論文を探すためにわざわざ日本からミュンヘンの図書館に行ったりしていた。そして撮影すべき地域を絞ると、何年も通い続ける。こうした行動は文化人類学の探査に似ていた。これほどまでメキシコに取り憑かれていたのは、複雑なイメージを具体的な建築の形に置き換える、最初の手がかりをメキシコで発見したからだ。
　　メキシコの人たちは古代文明からの長い歴史のなかで、地上の問題だけでな

We wondered what kinds of materials and shapes would allow us to bring a house suitable for contemporary Tokyo into being. During the 1990s, we traveled to Mexico several times a year, occasionally staying for half the year, taking series after series of photographs of churches. The reason we were so obsessed with Mexico is that it was in Mexico that we first discovered the first clue to converting our complex vision into specific architectural forms. It was in an idyllic village that we just happened to visit that we opened the doors of a dilapidated church and were struck with wonder at the miniature universe made up of a blend of Islamic, Baroque, and mandala-like designs. The reaction of Mexican's indigenous peoples to Spanish Baroque and its Islamic sensibility produced an "Ultra Baroque" that displays what can be called a *horror vacui*, with an infinity of decorative

く頭の中のことまで、宇宙のすべてのことを眼に見える形で表現しようとしてきた。ピラミッドやバロックの教会堂、20世紀の壁画運動、現代のグラフィティ・アートだけでなく、身近なものすべてを具体的に絵や形で表そうとする。地下鉄の駅名も図案化された絵になっていて、文字表記は見えないくらい小さく下に書いてある。駅が200以上もあると似たような形が多くなり、日本人にはお手上げだろう。先住民の言語が多様で、文盲の人も多いから絵を使わざるを得ないという事情もあるようだが、「お金持ちの家には大きな壁があって、飾る絵がたくさん必要だから画家はいくらいても足りない」と彼らは言う。美術家が税を金銭でなく作品で納める制度にも感心した。官民ともにここまで絵を求めるのは、古代アメリカ文明が絵文字を使っていたことと、キリスト教が布教にアイコンを利用したことが関係しているだろう。

　　　　マヤ・アステカなど、数万年に及ぶ先住民の営みがあった古代アメリカ文明を征服したスペインは、改宗した先住民にキリスト教をより印象づけるため、新大陸にバロック様式を導入した。16世紀にイタリアで生まれたバロック様式という名前はもともと「歪んだ真珠」という意味だ。ルネサンスのような均整のとれた様式に対して動的で破綻したデザインが異端であると揶揄され、その名が与えられた。その異端のバロック様式はスペインにおいてイスラム様式と混じりあい独特なスペインバロックを築き上げた。それはイタリアのバロックのように劇的な建築構成を追求したもの

features crowded closely together. The owners of the immense wealth that silver brought to Mexico in the 17th and 18th centuries absorbed the world's artistic styles through the flow of goods among nations during the Age of Discovery, built densely and chaotically decorated churches. The fervor of that intensely religious era was imprinted on them. The dense and chaotic universe that lies deep within the human heart———038-039 was brought visibly into the real world. The churches that they built are visible representations of the whole of the human heart. The aboriginal people took their indigenous gods and inserted their spirits into the rich Christian motifs. In making it seem as if spirits dwell in everything, these artistic styles are a remnant of ancient American civilizations, which observed and pondered the natural word as it really was. The heart shapes,

034———035 ｜ イスラム的な装飾の中に潜む先住民のポップ感覚
The "pop" sensibility of the indigenous people subsumed in Islamic-style decorative features.
教会堂, メキシコ　Church, Mexico
1992/1994　4×5 inch film

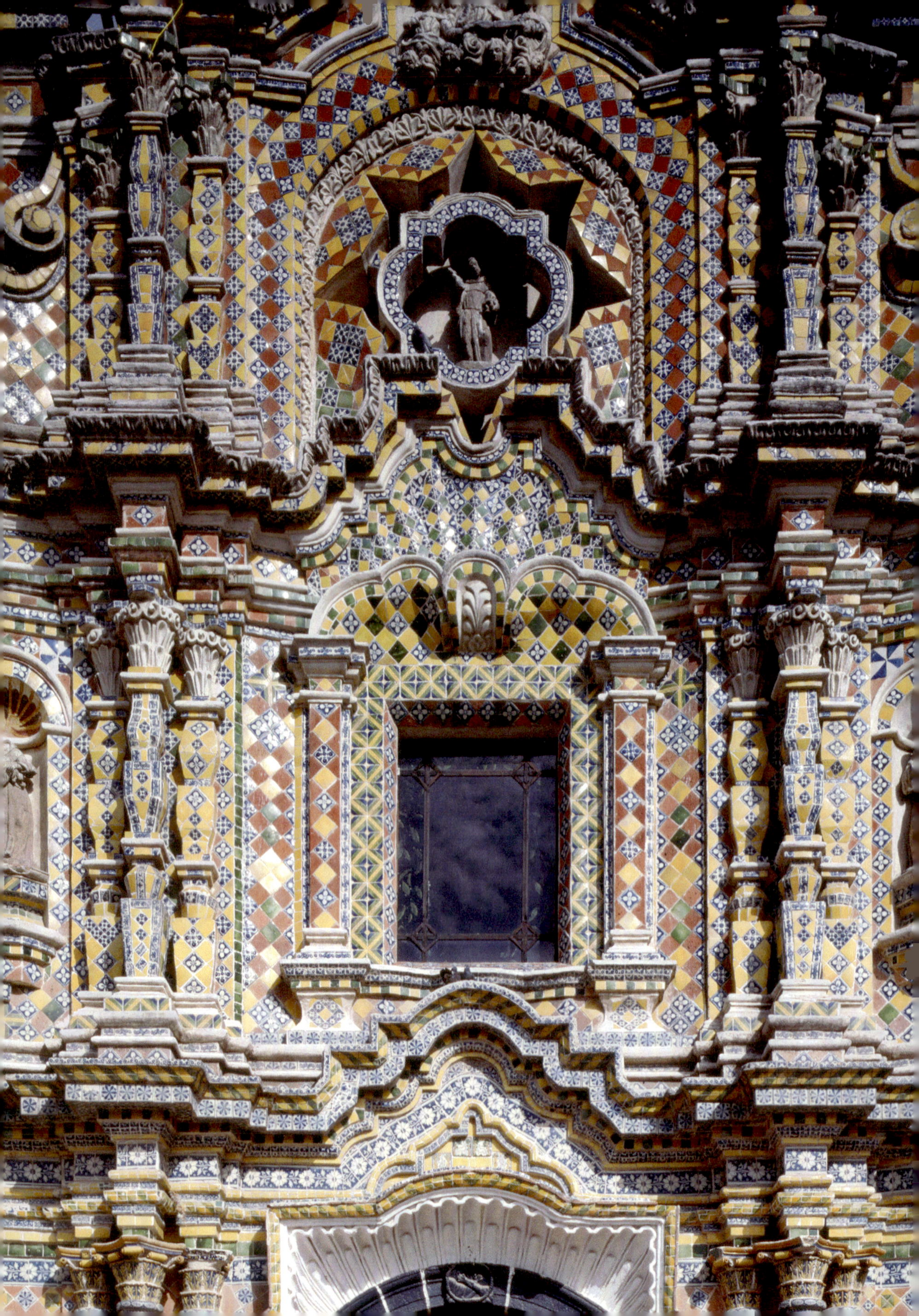

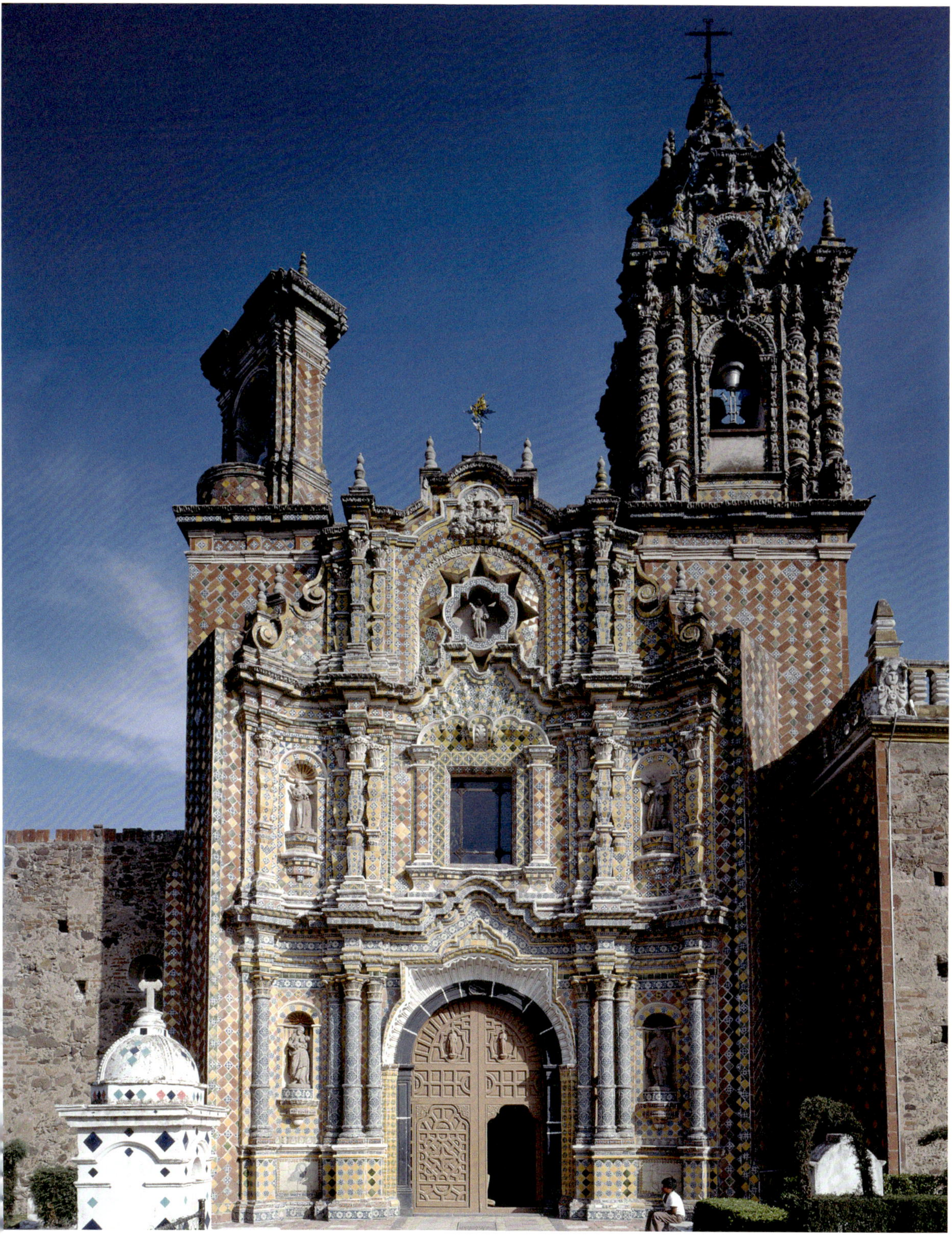

ではなく、建築の表面を覆う二次元的な装飾に重きをおいたバロックだった。7世紀におよぶイスラム支配の歴史が残した、レースのように繊細なアラベスク彫刻、モスクや宮殿に多用されたタイルなどがキリスト教建築にも継承されたからだ。そのスペインバロックのイスラム的な感性に、メキシコの先住民が反応して「ウルトラバロック」が生まれる。具象彫刻に幾何学的なデフォルメを施す古代アメリカの伝統が、イスラムの幾何学文様と結びついたに違いない。それはやがて、建築を隙間恐怖症とでも呼べるような無限装飾でびっしりと埋めるように進んで行く。メキシコに派遣された建築家はスペイン人やイタリア人でも、実際にそれをつくった棟梁や職人たちは先住民や混血だったからだ。マヤ・アステカといった高度な文明の伝統や、装飾性を熱狂的に好む感性はスペインの支配下でも滅びることはなかった。

　　　西洋建築の歴史では内部空間の創造に大きな力が注がれてきたが、古代アメリカでは建造物の配置と外部の装飾に建築の意味があった。太陽を崇拝していた古代アメリカ人たちは、大地を踏みしめ天空を仰いだときの空間感覚を大切にしていたからだ。古代の遺跡を訪ねると神殿やピラミッドの表面がたくさんの装飾で埋まっているのを目にする。スペインの征服者コルテスが初めて見たアステカの都ティノトティトランなどは都市全体、すべての建造物の表面が極彩色の壁画や彫刻で埋め尽くされていたという。このように、メキシコ古代文明にせよ、ウルトラバロックにせよ、彼ら

representing the Sacred Heart of Jesus, call to mind the hearts of the humans who were sacrificed atop Aztec pyramids, and the decorations inside the church resemble freshly exposed innards——054.

　　　Inside these kinds of churches, we chose to photograph places where the Ultra Baroque decorations seemed to propagate endlessly like fractals. If you photograph the riotous Baroque reliefs with perspective suppressed and then organize and compress them, hybrid pictures appear that seem like overlays of Islamic carpets. These pictures appear to be depicting a map of the Universe, with two-dimensional icons of saints and angels flying through the air. Unlike Western Baroque sculptures, the icons that the naive indigenous craftsmen produced somehow contain a substratum of animism, making

の関心事は「表面をどう飾るか」だった。教会堂の建設に際しても、建築内部の3次元的な構成には関心がなく、単純な労働力だけで作れるシンプルなものが定着した。そのシンプルな構造体に、器用な先住民たちは、得意とした絵や彫り物で腕をふるい、自分たちの聖堂に神を宿らせようとした。彼らが作った、すべてのものに魂が宿っているかのような表現は異様に見えるが、これは五感で自然をリアルに観察しながら思考していた古代文明の名残だ。

　　　新しい鉱法の開発で世界の五分の一とも四分の一ともいわれる産出量の銀を掘るようになったメキシコには、ヨーロッパのみならずインドや中国・日本などからの美術品、工芸品、そして技術者や職人、印刷物が流れ込んだ。銀がもたらした巨万の富は、世界中の美術様式を飲み込んで、教会堂を濃密な大宇宙に築き上げた。ウルトラバロックは聖と俗のすべてを肯定し、世の中のすべてを呑み込んで行く芸術だ。善悪や欲望、対立など、人の心のすべてをさらけ出すような表現があり、ここでの信仰は、心の奥での静かな祈りというよりは、感情を直接刺激する肉感的な体験だ。先住民たちは、豊富なキリスト教のモチーフのなかに、次々と土着の偶像を重ね合わせ魂を宿していった。諸聖人を迎えるキリスト教の礼拝日も、先祖を迎える「死者の日＝お盆」にすり替えられ、花や菓子の供物によって瞬く間にウルトラバロックの衣をまとってしまった。当初こうした異端といえる行為は、聖職者によって厳しく取り締ま

them resemble the holy figures of Eastern religions. Japanese people of our generation grew up watching Disney cartoons imported from the United States and the Japanese *anime* inspired by them, so when we see the images of Christ and the saints that emerge when captured by our lenses, we feel as if we are seeing the first stage of religious art turning into cartoons or are present at the birth of pop art. Even the Ultra Baroque style, which looked like a confused mess at first, clearly emerges when arranged nearly like a drawing. Even though the art is extremely Christian, its sense of the Universe, also seen in Buddhist mandalas, and the "pop" sensibility of the indigenous people is subsumed in Islamic-style decorative features──034-035, the essential nature of the architecture seems to spring into relief when photographed, organized as in a diagram, and viewed apart

038──039｜人間の心の奥深くにある濃密で混沌とした宇宙
The dense and chaotic universe that lies deep within the human heart
教会堂, メキシコ　　Church, Mexico
1992　4×5 inch film

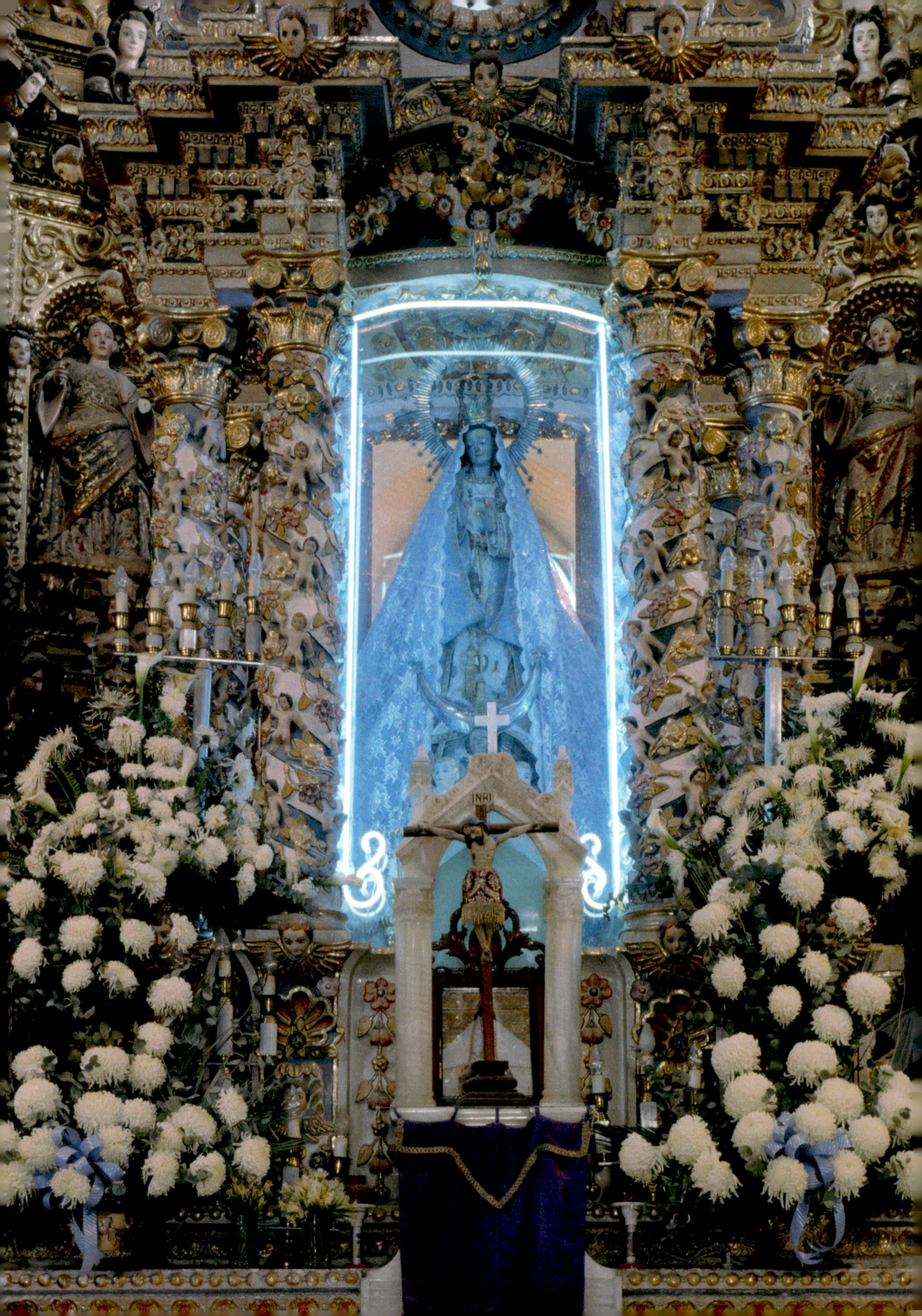
INRI

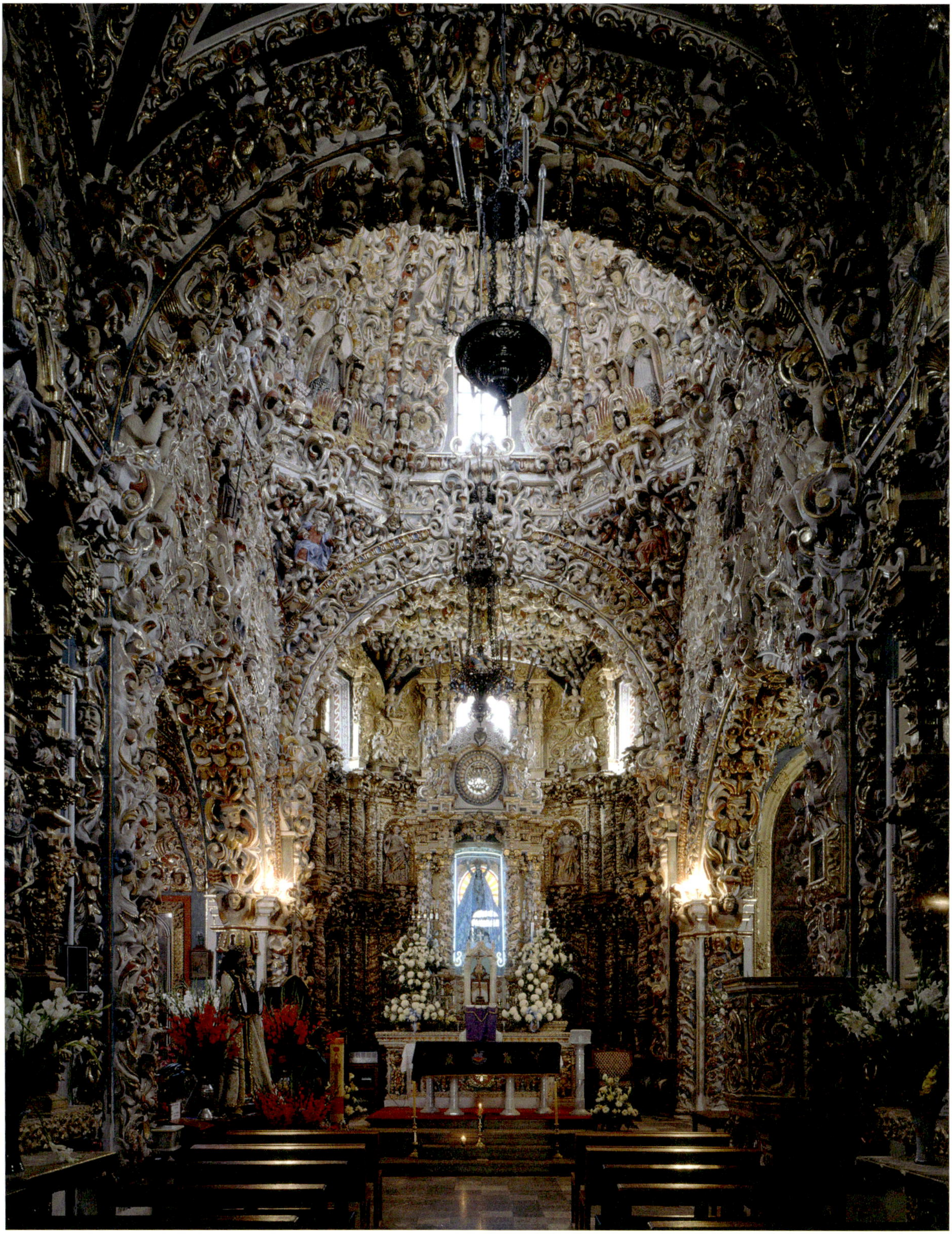

られたが、むしろエスカレートする一方のなかで、先住民の改宗を早めて、植民地経営を有利に進めるための妥協政策に変わっていった。その結果、メキシコに出現した奇跡の聖母は、褐色の肌の魅力的な先住民女性の姿をまとい、古代からの地母神と重ねられてグァダルーペのマリアとなった。そしてキリストや諸聖人たちは、かつて古代文明の人々が太陽に捧げていた生け贄と重ねられた。火あぶりで殉教した聖アグネスや日本の長崎26聖人、目をくり抜いた聖ルチア、そして首を落とされた聖ドニなど生々しさが強いものほど持ち上げられ、特に自ら首を持つ聖ドニの姿はオアハカ周辺の聖堂に繰り返し描かれた。さらに喪に服すマリアの姿をピラミッドの形に重ねた孤独の聖母も登場し、イエスの御心を表わすハート型もアステカのピラミッドの上で暴かれた生け贄の心臓と重ねられてしまう。聖堂内の装飾が暴きたてのフレッシュな内蔵のように見える──054 のは、そのような古代アメリカの祭礼の記憶だ。

　　広大な国土をもつメキシコ合衆国は北部の砂漠地帯から、中央部の高原地帯、南部の熱帯ジャングルと地域によって風土が異なる。古代文明の時代から、多様な先住民族が異なった言語や文化をもっていた。現代においても公用語はスペイン語ながら、先住民は部族ごとの言語を使っている。その結果、各地に点在するウルトラバロックの教会堂も地方色豊かなものとなった。地方によって産出される建築素材は異なり、雨量の違いや地震の有無、スペインからの情報伝達の差、古代からの伝承の

from its structure. The religious tales that the Mexican saints proclaim seem to overlap with images of the Buddhist Pure Land.

　　Resembling incipient pop art──062, the icons of the saints made us wonder how to incorporate them into our Tokyo Eclectic House. Would it be possible for us to create a new cultural landscape based on a mixture of Ultra Baroque's visualization of the entire Universe and Japan's polytheistic world? We considered the possibility of using the cultural anthropological icons we had brought from all over the world to make our Tokyo Eclectic House into a contemporary church, to use Christian terminology, or a contemporary three-dimensional mandala, to use Buddhist terminology──046-047. We took boxes 4×4×3 meters as our units and used 27 of them to make a three-dimensional

強弱、さらにはスペイン人や地域の有力者に対するへつらい、または反発といった微妙な駆け引きも建築装飾に反映されている。スペインからの情報が豊富だった首都のメキシコシティやグァナファト、サカテカスなどの鉱山都市には、西洋バロック顔負けの壮麗で洗練されたものが多い。見方によっては、これらはヨーロッパに対するコンプレックスの強い屈折したデザインだとも言える。それに対して、先住民族が多く地場産業や農業で栄えたプエブラのような地方都市では、早い時期からメキシコ独自のスタイルが展開した。その郊外にあるアカテペックやトナンツィントラのような村では、辺境住民の独自のキリスト教解釈が反映され、プエブラ・スタイルの装飾がさらに激しく変形し増殖している。これらの村の教会堂は極彩色のタイルで覆われていて、強い日射しも相まって幻覚効果で目がくらくらする。

　　　　　　私たちは何気なく立ち寄ったのどかな村で、古ぼけた聖堂の扉を開くと、イスラムやバロック、曼荼羅などが渾然一体となってできた小宇宙を見つけて驚嘆した。ここには宗教が全盛期だった時代の熱気が封印されている。名も無い職人たちが作った素朴な装飾には、時間が流れることなく堆積しているような不思議な沈黙がある。そこで見るものは、一神教の教理に従おうとしながらも、それを内部から食い破り、生命の泉を湧き上がらせるような表現だ。ここでは、人間の心の奥深くにある濃密で混沌とした宇宙——038-039 が、見ることのできる現実の世界に持ち出されてし

shape that resembled a Rubik's Cube. In order to represent the viewpoint of gods, the Universe, and other entities that look down upon humans, we assembled squares to incorporate the cross-shaped plans of churches and the block-plan arrangements of mandalas——048-051. Since the design displays the forms of churches and mandalas, which represent the ideal state of the Universe, we would have to put everything where it was supposed to be. However, the contemporary view of the Universe is that it is fluid. The Internet allows us to visit many places and re-experience many eras. In order to build a church or three-dimensional mandala in the present day, we need to incorporate the changes in the world and the overturning of values. Fortunately, during that time, we received a series of requests from several public galleries to show "Ultra Baroque." We

042——043 | 写真と建築パーツを組み合わせて
　　　　　　インスタレーションを行った
　　　　　　We created installations using photos and construction parts.
　　　　　　「ウルトラバロック展」, 日本
　　　　　　"The Ultra Baroque Exhibition," Japan
　　　　　　1997/2001　4×5 inch film

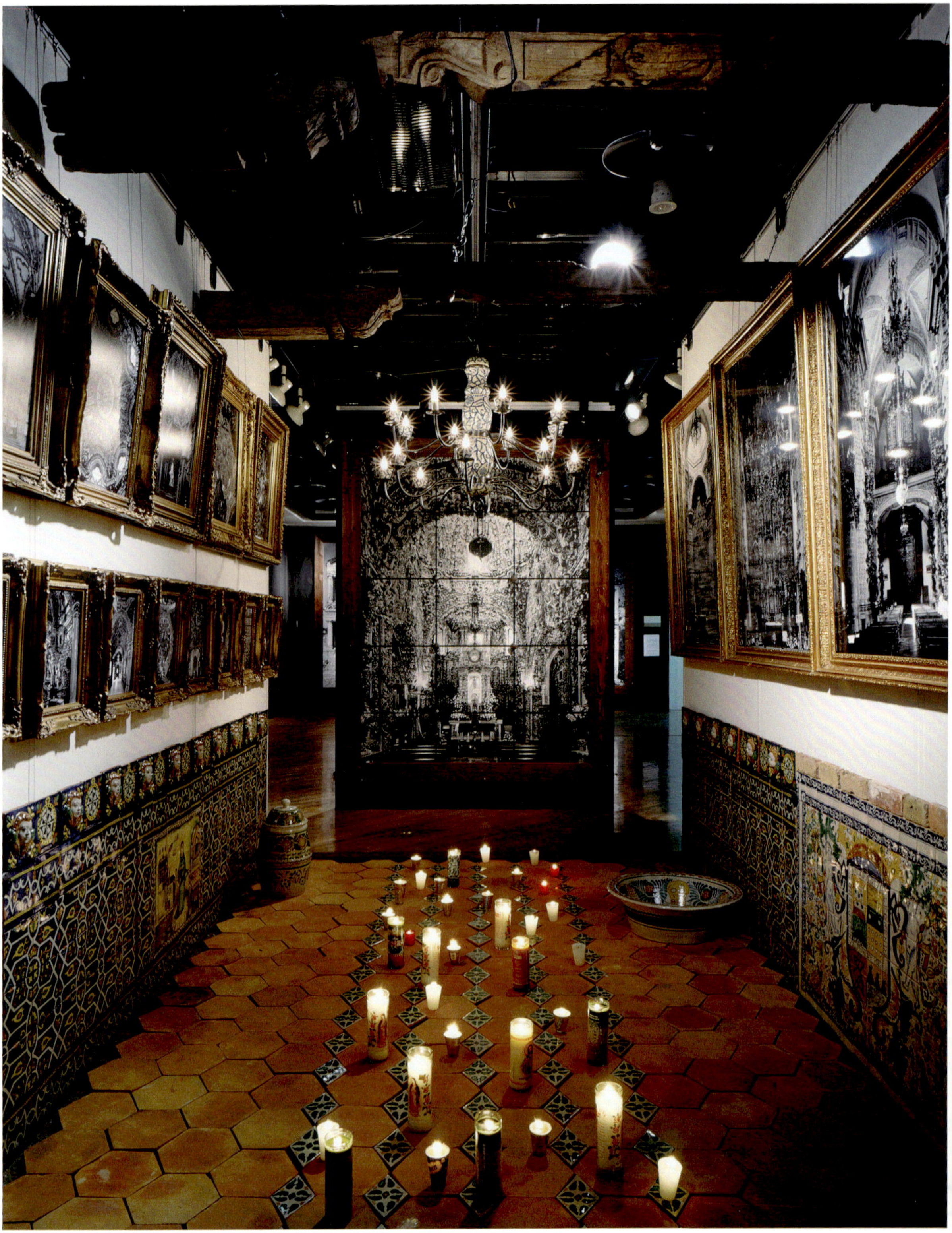

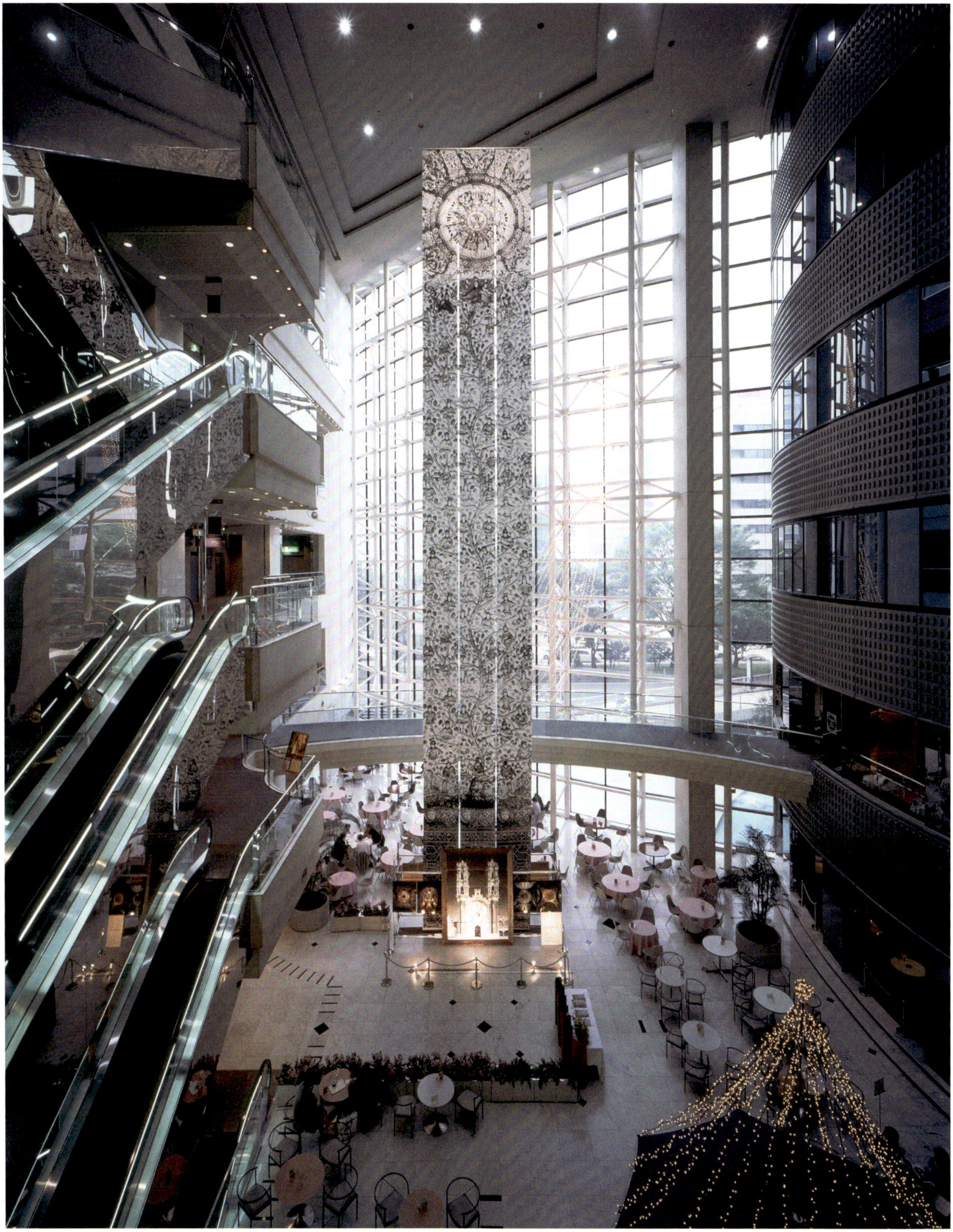

まっている。彼らが作った教会堂は、見ることのできる人の心の総体でもある。

　このような聖堂で、ウルトラバロックが無限に増殖する、フラクタルな場所を選んで撮影した。遠近感を無くして、暴れるバロックな図像を整理して圧縮すると、イスラムの絨毯にも重なるハイブリッドな絵が現れる。宇宙の地図を示しているような絵だ。ここでは、空中を舞っていたたくさんの聖人や天使のアイコンも平面化される。西洋のバロック彫刻と違って先住民の職人がつくった稚拙なアイコンは、どことなくアニミズムのレイヤーが下敷きされた、東洋的な聖人たちだ。私たちの世代の日本人は、アメリカから送られてきたディズニーやその流れを汲む日本のアニメを見て育っているので、レンズで整理され平面化されたキリストや聖人の像を見ていると、宗教美術がアニメになりかかった最初の状態、もしくはポップアートの誕生に立ち会っているような気がしてくる。最初はグチャグチャに見えるウルトラバロックも、図面のように整然とさせると浮かび上がってくるものがある。極めてキリスト教的なのに、仏教の曼荼羅にも見える宇宙感や、イスラム的な装飾の中に潜む先住民のポップ感覚──034-035 などは、きっちりと型にはめることで立ち現れるもの、逸脱した瞬間に見えるものたちだ。メキシコの聖人たちが繰り広げる宗教物語が、仏教の極楽浄土のイメージにも重なる。

　ポップアートの始まりのような──062 聖なるアイコンが、私たちの「東京

used our photographs and videos of Mexico and building materials to reconstruct Ultra Baroque. One exhibition space has a ceiling 30 meters high, but we created installations in various types of spaces using photos and construction parts──042-043. We continued experimenting throughout these exhibitions, adding things, removing things, and changing things, and decided to build Tokyo Eclectic House with our own hands.

　Photographs are images put into fixed forms through chemical reactions, and ceramics are colors put into fixed forms through chemical reactions. Time is eternally etched onto both photos and ceramic tiles through chemical reactions. Ceramic tiles evolved as they spread throughout the world, and more than any other kind of building material, they are thickly layered over with cultural strata. As we traveled around Mexico

の家」に収まったらどうなるだろうか。宇宙のすべてを可視化するウルトラバロックと、日本の多神教世界が混交する新たな文化風景をつくれないだろうか。私たちは、世界各地で集めてきた文化人類学的なアイコンを使って「東京の家」を、キリスト教的に言えば現代の聖堂、仏教的に言えば現代の立体曼荼羅——046-047 にできないかと考えた。約4×4×3mの箱をひとつの単位とし、それを27個組み合わせてルービックキューブのような立方体をつくった。神とか宇宙といった、人間を俯瞰する視点を表現するために、正方形を組み合わせて教会堂の十字形プランと曼荼羅配置のブロックプランを内包させている——048-051。曼荼羅はもともと、絵画や仏像を使って仏教の宇宙観を抽象的に表したものだ。聖堂も曼荼羅も宇宙の在り方を空間で示すものだから、すべてのものをあるべき場所に配置しなければならない。しかし、現代の宇宙の在り方は常に流動的だ。インターネットなどを通じて、いろいろな場所へ移動し、いろいろな時代を追体験してしまう。現代において聖堂や立体曼荼羅を構築するには、世界の変化や転倒する価値観を常に織り込んでゆく必要がある。当時幸いなことに、複数の公共的なギャラリーから「ウルトラバロック」展を巡回させる依頼が来ていた。メキシコの写真や動画と建材を使って、ウルトラバロックを再構築する。天井高が30mを超える大きな会場もあり、いろいろなタイプの空間で写真と建築パーツを組み合わせてインスタレーションを行った——042-043。「東京の家」も最初の図面通

visiting churches, the construction elements that drew our attention the most were brightly colored tiles. Mexico has had colorful, mature pottery since the heyday of its ancient civilizations, but during the Baroque era, it integrated indigenous styles with influences from Islam, Spain, China, and Japan to produce its unique Maiolica ceramics. The tiles we chose came from the workshop of potter Gorky Gonzalez. He studied the natural materials used in the 17th and 18th centuries and made sure to follow the old-style manual processes, with the result that he was able to recreate warmly colorful tiles with a touch of originality. Furthermore, he studied in Japan as a young man and apprenticed himself to a potter who was a Living National Treasure, absorbing the Japanese esthetic concepts of *ma* "space," *wabi* "plainness," and *sabi* "patina." In specific

046——047 | キリスト教的に言えば現代の聖堂、
仏教的に言えば現代の立体曼荼羅
A contemporary church, to use Christian terminology,
or a contemporary three-dimensional mandala,
to use Buddhist terminology
「東京の家」 Tokyo Eclectic House 2008 8×10 inch film

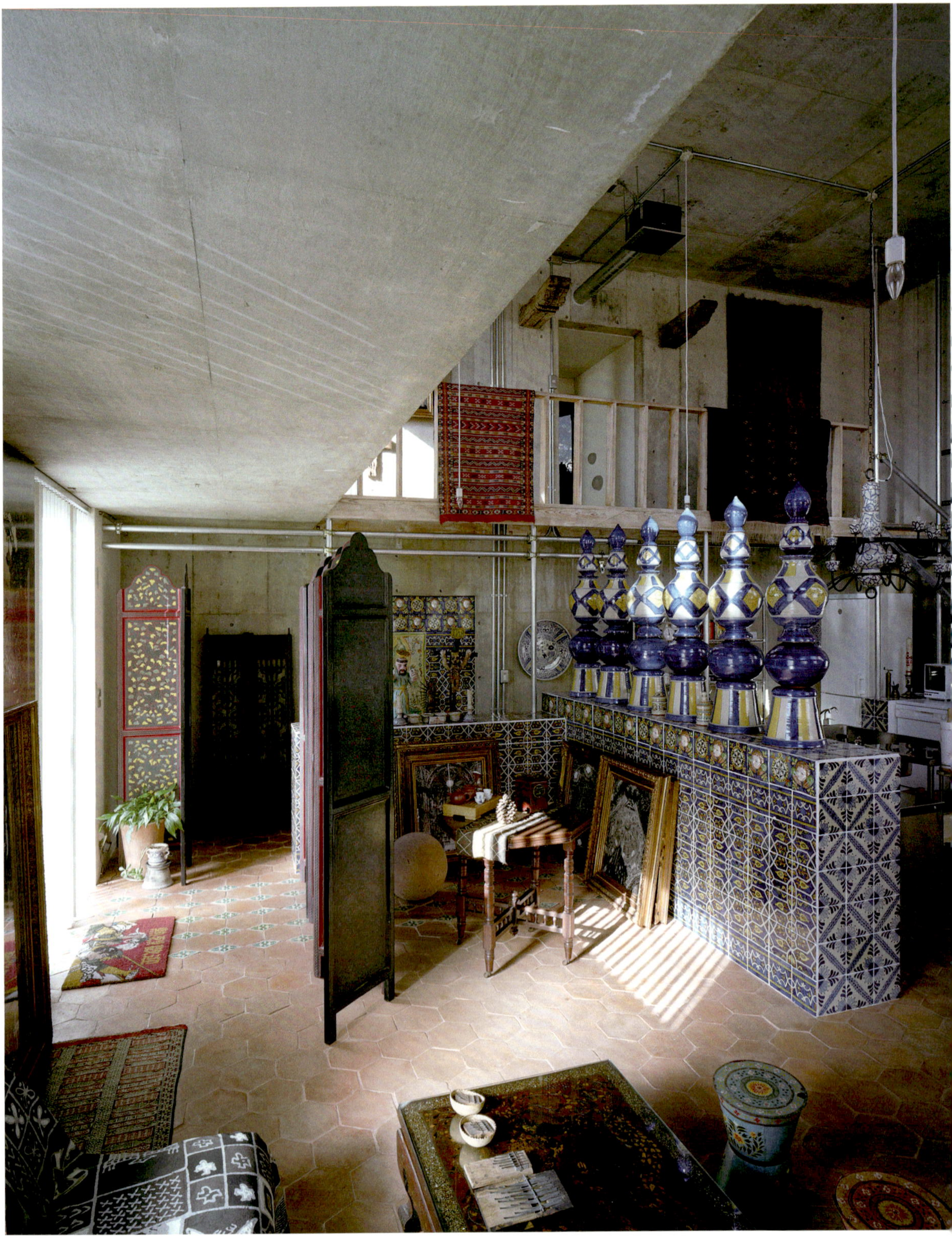

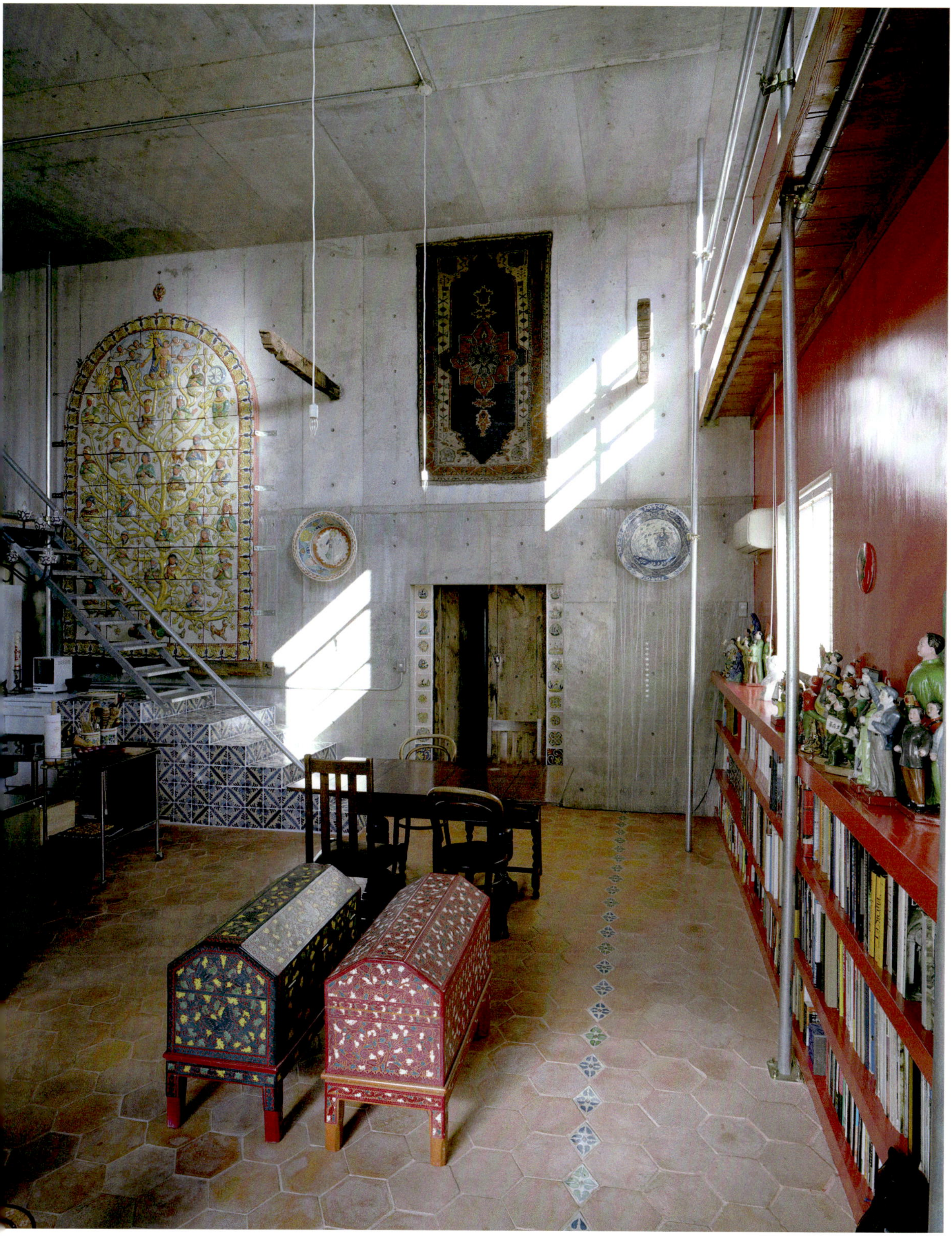

Floor Plans

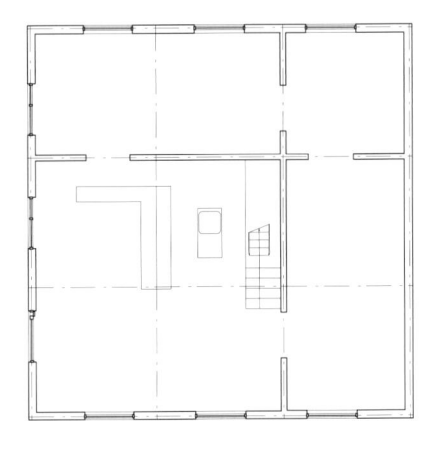

B1F
Basement

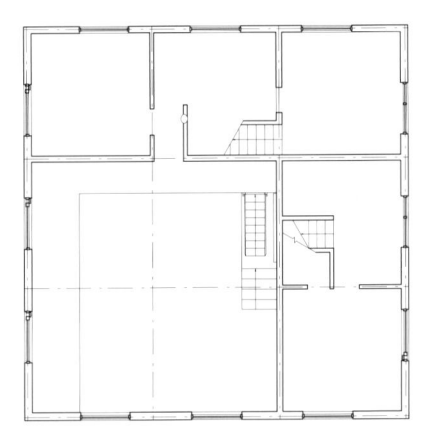

1F
Ground floor

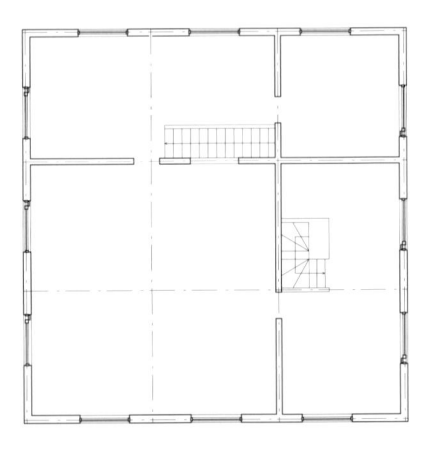

2F
Upper floor

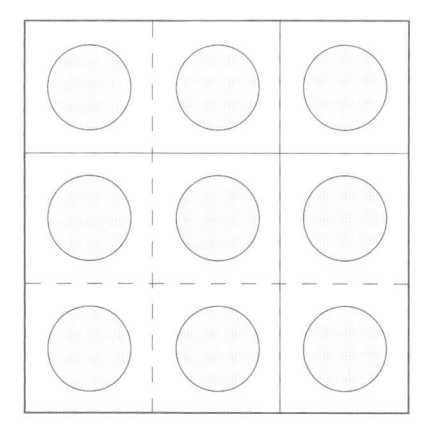

金剛界曼荼羅
Kongokai mandala plan

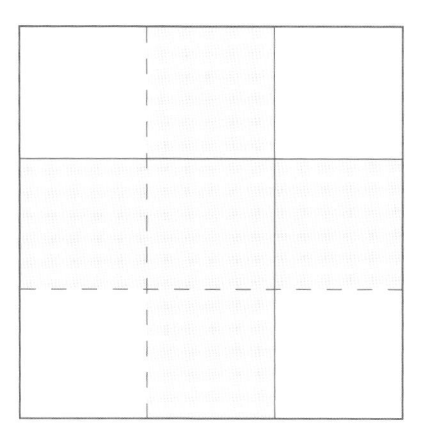

ギリシャ十字
Greek cross plan

048——051 | 教会堂の十字形プランと曼荼羅配置のブロックプランを内包させている
We assembled squares to incorporate the cross-shaped plans of churches and the block-plan arrangements of mandalas.
「東京の家」 Tokyo Eclectic House
2013　digital

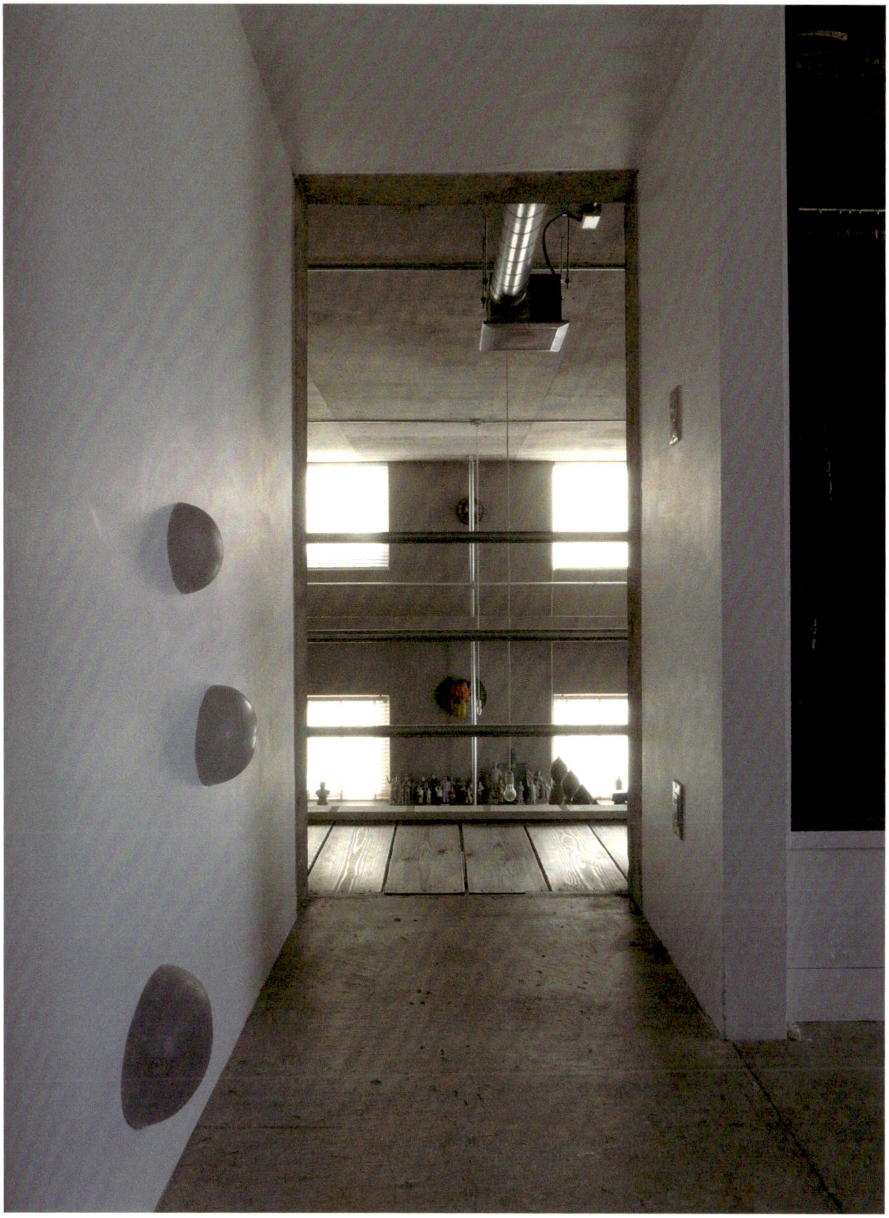

りつくることに固執せず、足したり引いたりしながら変容していくように、自分たちの手でつくっていくことにした。

　　　　日本語では写真をプリントすることを「焼く」というが、陶磁器も「焼く」ものだ。写真は化学反応で現れた画像を定着し、陶磁器も化学反応で現れた色を定着する。写真も陶磁器タイルも、化学反応で永遠に時間が焼き記されてしまう。陶磁器タイルは世界を巡りながら進化し、文化のレイヤーが最も分厚く重なっている建材だ。メキシコの聖堂を巡りながら、一番注目した建材は色鮮やかな陶器のタイルだった。タイルは文化の記憶を焼き付けている唯一写真のような建材だ。教会堂のファサードがイスラム寺院のようにアラベスクのタイルで覆われているのは、メキシコ以外ではあまり見覚えがない。メキシコの植民地時代のタイルはマヨリカと呼ばれている。ペルシャや北アフリカを起源としてヨーロッパで栄えたファイアンスなどの錫釉陶器と同じだ。もともとメキシコにはマヤ・アステカといった古代文明から技術を継承する職人がいて、カラフルで完成度の高い焼き物があったが、16世紀にスペインから錫釉の技法が伝わると、マヨリカ・タイルがプエブラやグァナファトでつくられるようになった。初期のものはイスラム陶芸の影響が強く青の絵付けが主流で、17世紀になるとスペイン陶芸の最高峰だったタラベラ工房の影響が大きくなり、色数やデザインモチーフも豊富になった。さらにマニラを経由してアカプルコから、当時のハイテク

terms, his work displays a consummate balance between the illustrated parts and the remaining white spaces. He has attempted to take the esthetic imported and condensed into Mexican pottery during the Age of Exploration and incorporate *ma*, *wabi*, and *sabi* into it. We had him make 4000 tiles based on photographs of chapels, monasteries, and convents that we took all over Mexico. Of these, we drew a detailed sketch of photographs of "The Tree of Life," from the dome of the Santo Domingo Church in Oaxaca as the basis for a major mural of the Tree of Life——058 to be placed in the center of our own house. This sketch also includes images of the folk art "Tree of Life" created in the village of Metepec. The "Tree of Life" created from Metepec clay has various kinds of "fruit" growing from its branches in abundance, including Christ, Adam and Eve, ears of corn,

だった中国や日本の磁器が上陸し、古代アメリカ、イスラム、スペイン、中国や日本といった様々な文化が融合されメキシコ独自のマヨリカ陶芸が完成した。

　こうしたなかで私たちが選んだのは、現代のメキシコ陶芸を代表する作家であるゴルキー・ゴンサレスさんの工房がつくるものだ。18世紀に全盛期を迎えたメキシコのマヨリカ陶芸は、19世紀にバロック様式とともに衰退し、グァナファトでは100年以上も途絶えていた。ゴルキーさんは、彫刻家であった彼の父がもっていた古いマヨリカ陶器の美しさに魅せられ、グァナファトの伝統陶芸を復興する決意をしたという。彼は17-18世紀に使われていた天然素材を研究し、すべての工程を昔と同じ手作りに徹して、オリジナルのもつあたたかく華やかな味わいをよみがえらせた。さらに彼は青年時代に日本に留学し、人間国宝の窯に弟子入りして作陶に励み、茶道などからも美意識を学んでいる。この日本で学んだ独特のセンスが、民芸をアートに近いところまで持ち上げているように思う。具体的には、絵付けされた部分と白地のまま残された部分の絶妙なバランス感覚だ。大航海時代に、世界中から集まった美をこってりと濃縮させたメキシコ陶芸に、日本の「間」や「わび・さび」が仕掛けられているのだ。「東京の家」の立体曼荼羅は、まずこのゴルキーさんの作品を配置することから始めることにした。

　メキシコ各地の礼拝堂や修道院など、私たちが撮影した写真をもとに4,000

and skeletons, representing the chain of life from the past into the future in a continuous line. This folk art "Tree of Life" is a Universal Tree, linking the worlds of the gods and the world of humanity, as well as a symbol representing the unique worldview of ancient America. We had Gonzalez fire the hands and faces of the human figures in the mural without any glazing, because we wanted to leave the soil of Guanajuato exposed and add a layer of indigenous culture.

　　We traveled from Japan to Gorky's studio many times. On one occasion, we discovered that he had made a large number of odd vessels without any bottoms. When we asked, he told us that there had been a gas explosion at the Palace of the Count of Orizaba, a World Heritage Site in Mexico City and that the ceramic towers surrounding

054 ｜ 装飾が暴きたてのフレッシュな内蔵のように見える
The decorations inside the church resemble freshly exposed innards.
教会堂, メキシコ　　Church, Mexico
1994　4×5 inch film

055 ｜ 東京の地鎮祭などで祀られる
捧げもののイメージに重なる
Overlap with images of offerings made during Shinto blessing ceremonies in Tokyo
「東京の家」　Tokyo Eclectic House
2008　8×10 inch film

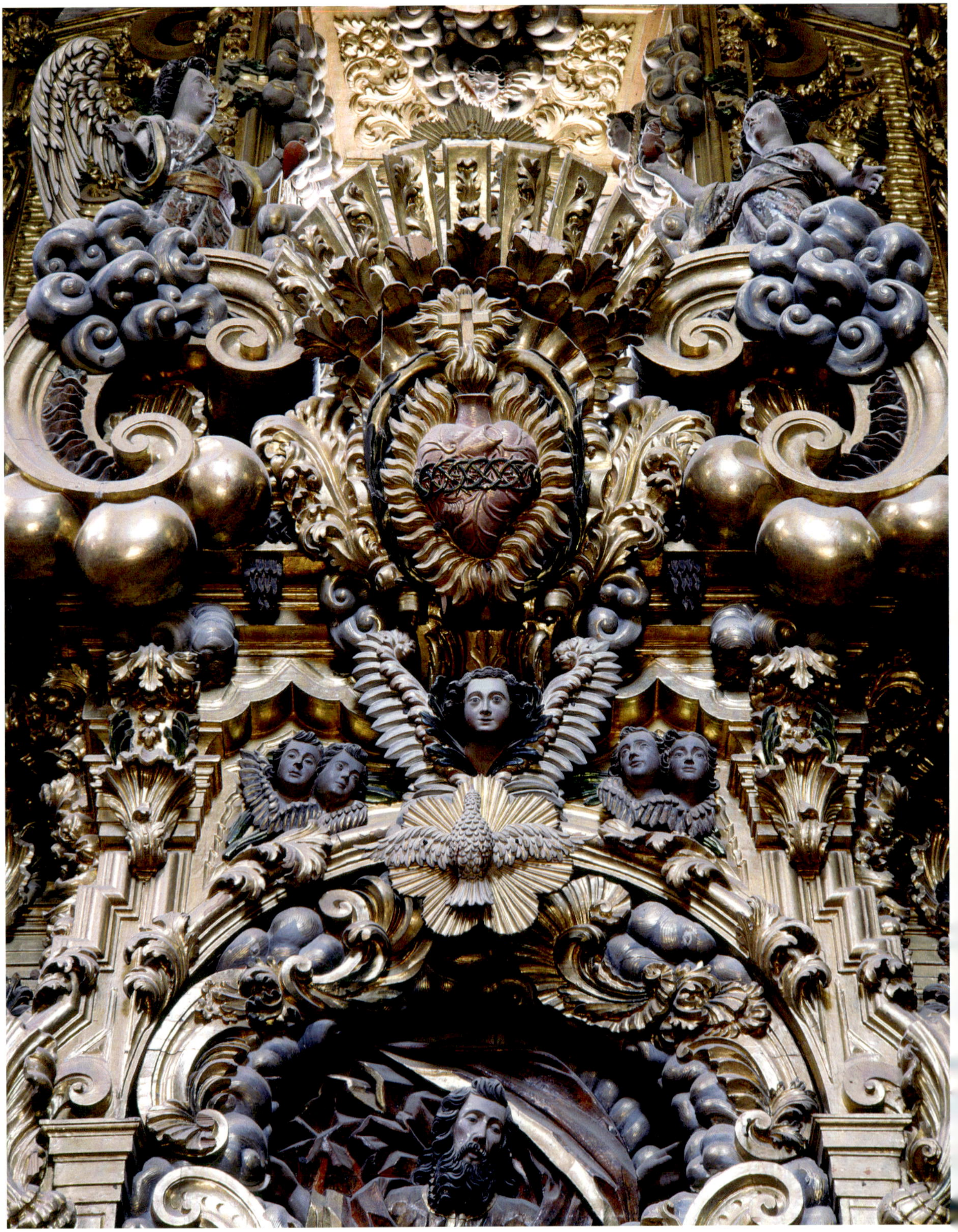

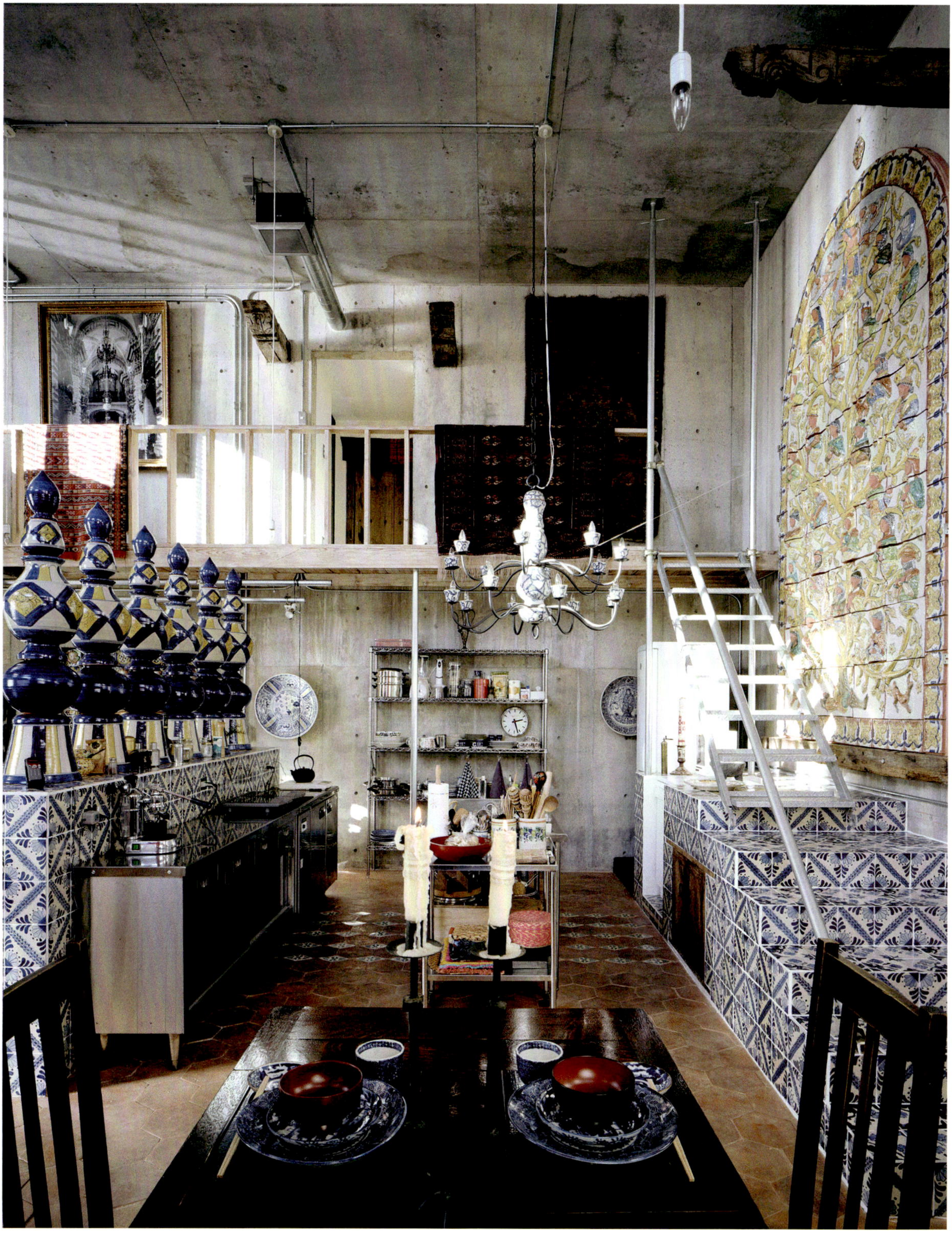

枚のタイルを作ってもらうことになった。なかでも、我が家の中心に据え置くための大作「生命の樹」の陶壁画──058 は、オアハカのサント・ドミンゴ教会堂のドームにある「生命の樹」の写真をもとに詳細な下絵を描いた。この下絵には、メテペック村でつくられている民芸品の「生命の樹」のイメージも重ねてある。メテペックの粘土で出来た「生命の樹」の枝には、キリストやアダムとイブ、トウモロコシや骸骨などがぎっしりと実っていて、過去から未来へ連綿と受け継がれていく生命の連鎖が表されていた。この民芸品の「生命の樹」は、神々の世界と人間界を結ぶ「宇宙樹」であると共に、古代アメリカ独自の死生観である植物的な生と死の連鎖を表すシンボルでもある。下絵には、横たわる聖人から生えた葡萄の木に聖人たちが実り、民芸品のアイコンにあった太陽や月、動物たちも添えた。高さ3m30cm、幅2m10cm、配置されている人物像は10cm程立体的に盛り上がる。人物の顔や手には釉薬をかけずに素焼きのままにしてもらった。グァナファトの土を露出することで、先住民文化のレイヤーを加えたかったからだ。彫刻家の手助けが必要なくらい下絵のイメージが壮大だったので、ゴルキーさんも初めはあっけにとられていたが、「ぼく、つくってみたいよ」と目を輝かせてくれた。

　　　日本からゴルキーさんの工房に何度も通った。ある時、底のない不思議な壺が大量につくられているのを発見した。尋ねると、世界遺産にもなっているメキシコ

the roof had been blown apart. His studio had been commissioned to make the ceramic parts for the towers as part of the restoration of the partly destroyed palace. When we had him assemble them temporarily, we found it interesting that the five-stage parts all had slightly different curvatures. This type of tower originated from a design that included gun ports for emergencies, but by the Baroque era, it was used to decorate the façades of churches and palaces. They resemble the decorations on the edges of Japanese five-story pagodas and stupas. They are made of ceramics in Mexico and of copper in Japan, but they were similar in form and use, and we wanted to install them in our house as well. Towers that look small when they're seen sitting squarely on top of buildings seem large and overwhelming when they are brought down close. We placed our ceramic tower in

シティのオリサバ伯爵邸でガス爆発事故があって、屋根の回りに並んでいた陶器の塔が吹っ飛んだのだという。不思議な壺は、半壊した伯爵邸を復元するために彼の工房に発注された塔のパーツだったのだ。仮に組み立ててもらうと、5段あるパーツごとの曲率が微妙に違っていて興味深い。この類いの塔は、もともと有事のために据えられた銃眼のデザインから派生したものだが、バロック時代には教会堂や邸宅のファサードを飾った。日本の五重塔や仏塔の先端に付いている装飾にも良く似ている。メキシコでは陶製、日本では銅製だが、形や用途に共通項があると我が家にも配置したくなる。普段は建物の上に鎮座して小さく見える塔も、間近に下りてくると大きく迫力がある。私たちも銃眼のように、仏塔のように、この陶器の塔をキッチンの目隠しに並べた──059。

　我が家の天井高5m、工場のようにがらんとした空間は、どこがキッチンか一見わからない。しかも業務用のステンレス製品を並べただけで水道配管以外は固定されていないから、キッチンは自由に動かせる。私たちはまず、敷地の中心であり、家の中心でもある位置に大きな業務用シンクを置き、その真上に、陶器でできたシャンデリアを吊るした。メキシコでは「カンテラ」と呼ばれ、教会堂の天井から吊るされているロウソクの照明をアレンジした、装飾的かつ宗教的な照明器具だ。

　17-18世紀のバロック時代、日本から輸出された伊万里などの絵付け磁器を、

line with the partitions that mark off our kitchen──059, like a gun port or stupa.

　We first placed a large, commercial sink at the point that is the center of both our property and our house, and we hung a ceramic chandelier right above it. Called a *cantera* in Mexico, this is the kind of light fixture that hangs from the ceilings of churches. The *canteras* have an interesting and complicated history. During the Baroque era, the aristocrats of countries like Austria and Germany vied to collect picture-decorated porcelain, such as Imari ware exported from Japan. In addition to the finally detailed pictures drawn on a white background, this porcelain was decorated with gold and silver, and it began taking up a major role in interior decoration in palaces and mansions. It was during the Age of Exploration, when full-scale worldwide distribution of goods took

058 | 「生命の樹」の陶壁画
A major mural of the Tree of Life
「東京の家」　Tokyo Eclectic House
2013　digital

059 | 陶器の塔をキッチンの目隠しに並べた
We placed our ceramic tower in line with the partitions that mark off our kitchen.
「東京の家」　Tokyo Eclectic House
2008　8×10 inch film

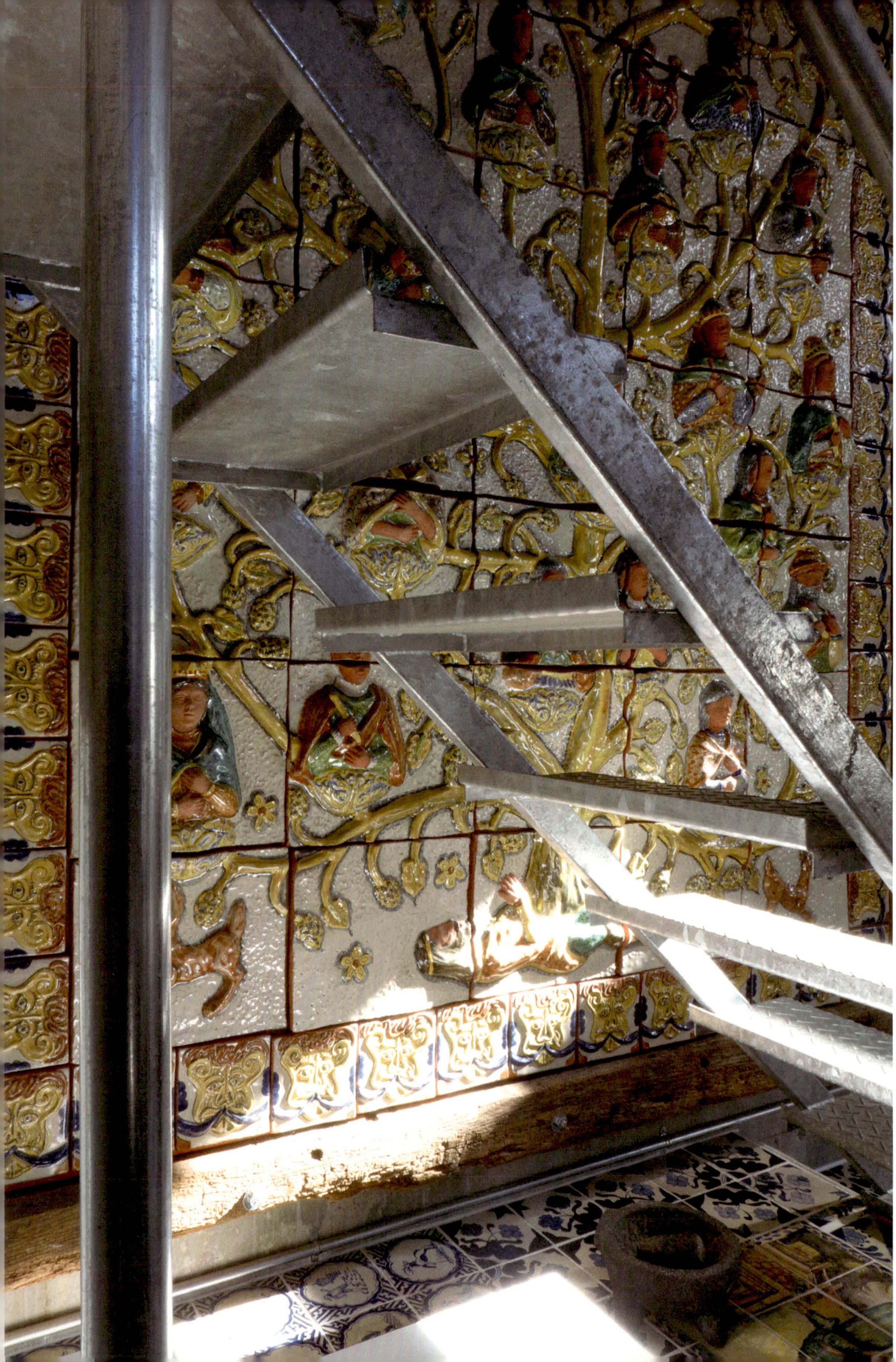

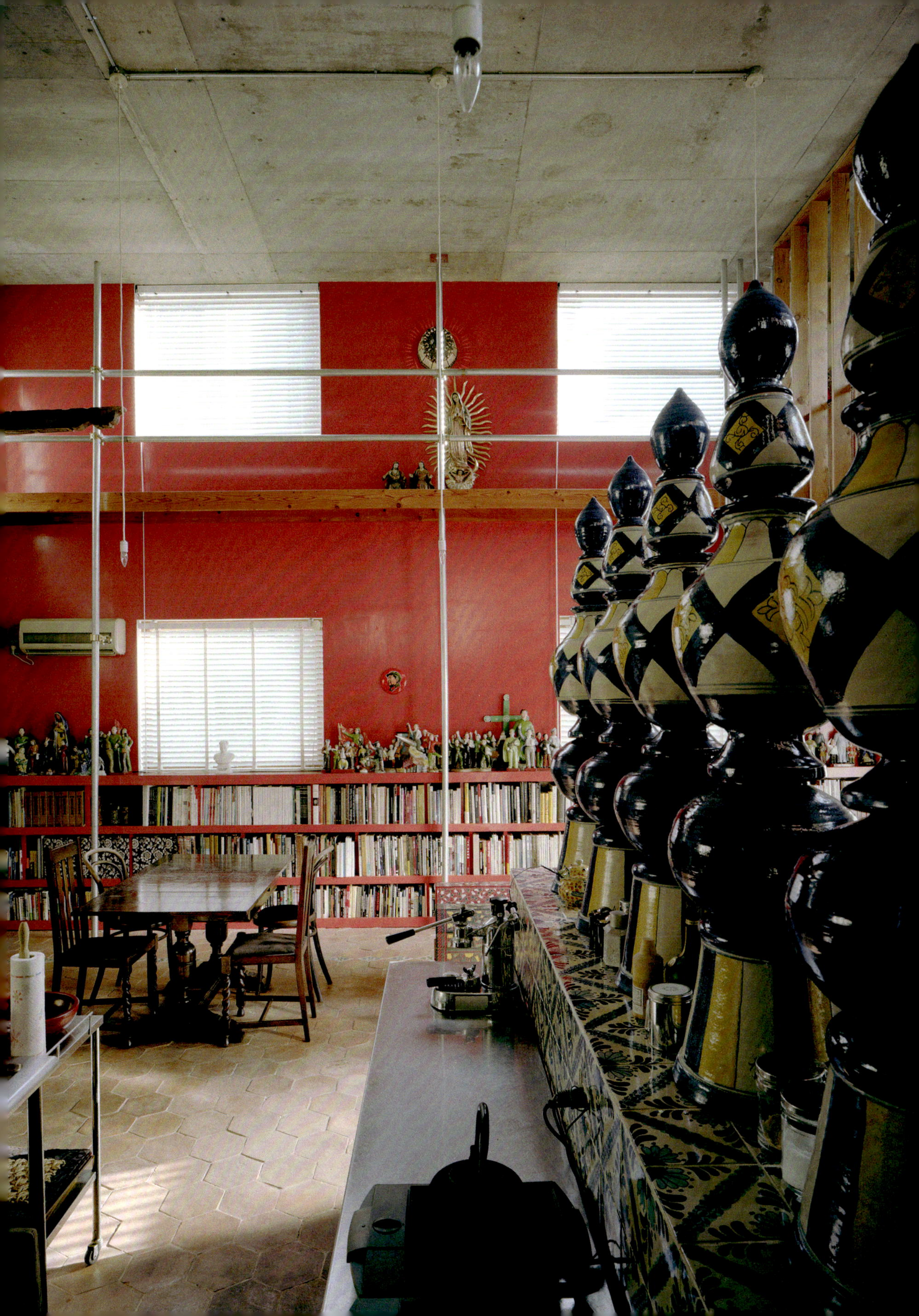

オーストリアやドイツの王侯貴族は競うように集めていた。もともと17世紀の初めに、東インド会社を設立して景徳鎮の磁器をヨーロッパに販売していたオランダは、中国が明から清へ移行する混乱の中、新たな磁器の生産地として勃興していた日本に注目した。そして、柿右衛門に代表される白地を生かした繊細な絵付け磁器が、ヨーロッパで最も高級な工芸として大流行する。それらはさらに金属で装飾され、王宮や邸宅の室内装飾として中心的なテーマを担うようになる。地球規模の物流を本格化させた大航海時代は、磁器を通して世界が初めて日本製品に注目した時代でもある。しかしこのときも、中国が磁器の輸出を再開すると価格競争が生じて、日本の磁器は国際市場から敗退して行くことになる。ヨーロッパに伝わった日本の磁器と浮世絵が大流行し、前者ではロココ、後者では印象派やアールヌーボーと、その後のアートの流れをつくっている。ポツダムやウィーンなどの東洋趣味の王宮を見ていると「何だか使い方が間違っているなぁ」と、違和感を感じる反面、その西洋風のアレンジは意表を突いている。その中でも金属と磁器でできた東洋風のシャンデリアは、私たちにとって趣味の悪いものの代表格だった。しかし、ヨーロッパで見た一番気色悪い東洋趣味は、メキシコを介することで、違和感無く我が家の中心に収まった。17世紀に日本からヨーロッパに渡り、それがメキシコに伝わったものを、日本で修行したゴルキーさんがリメイクしてくれたからだ。それを「東京の家」に据えることは、300年か

hold, that the world first noticed Japanese products. Installing a *cantera* in the Tokyo Eclectic House was worthwhile because it symbolized an east-west circumnavigation of the Earth over a period of 300 years. In the 17th century, ceramic tiles were transported to Mexico from Japan via Europe, and were recreated by Gorky Gonzalez, who had served an apprenticeship in Japan.

    Our kitchen is like a church, like a palace, like a factory, like an art restoration workshop. We walk around the kitchen any number of times during the day as we cook. The concentration of religious objects ("Tree of Life," the *cantera*, and the ceramic tower) in our kitchen is due to its being an important place where we give thanks for our lives. The historic icons crowded into our kitchen force us to reconsider the act of eating, a

けて地球を左回りで一周したという価値がある。
　　　　　カンテラは家の中心を示す光のシンボルだが、その真下はステンレスのシンクが鈍く光っている。ハプスブルク王宮のシャンデリアと業務用のシンクという組み合わせ。そのシンクを冷蔵庫や食洗機、ステンレスの調理台、鉄の足場階段などが囲み、それを挟むように6本の陶器の塔と生命の樹の陶壁画が置かれている。教会堂のような、王宮のような、工場のような、修復現場のようなキッチン。私たちはシンクの回りを一日に何周も回りながら二人で調理する。外食はほとんどせず、生産者から送ってもらう旬の食材などを使って毎食ここでつくるので、キッチンの稼働率は極めて高い。「生命の樹」や「カンテラ」、仏塔のような「陶器の塔」など、宗教性の高いアイコンがキッチンに集中しているのは、ここが感謝して命をいただく大切な場所だからだ。何気なく日常化している「食べる」という行為を、空間に仕込まれたアイコンから再考することで、生への意識をリフレッシュすることができる。ワインとパンに象徴される、主の血と肉を皆で分けていただくというキリスト教の聖体拝領は、新大陸では古代アメリカの生け贄の儀式を投影して受け入れられたのではないか。原始キリスト教からの感謝の記憶が、メキシコを経由して、東京の地鎮祭などで祀られる捧げもののイメージに重なる──055。

daily habit that we practice almost without thinking, and to renew our awareness of the meaning of life. It is possible that the Christian sacrament of Holy Communion, where communicants symbolically receive the body and blood of Christ in the form of bread and wine, was accepted in the New World as a projection of the ancient Meso-American ceremonies of human sacrifice. Memories of ceremonies of thanksgiving from early Christianity, filtered through the Mexican experience, overlap with images of offerings made during Shinto blessing ceremonies in Tokyo──055.

062 | ポップアートの始まりのような
Resembling incipient pop art
キリスト像, メキシコ
Carved image of Jesus Christ, Mexico
1994　6×9 cm film

063 | クローゼットの障子は、祖母の家から持ってきたものだ
The *shoji* screens that we use in the closets in our house are ones that we brought from Yu's grandmother's house.
「東京の家」Tokyo Eclectic House
2013　digital

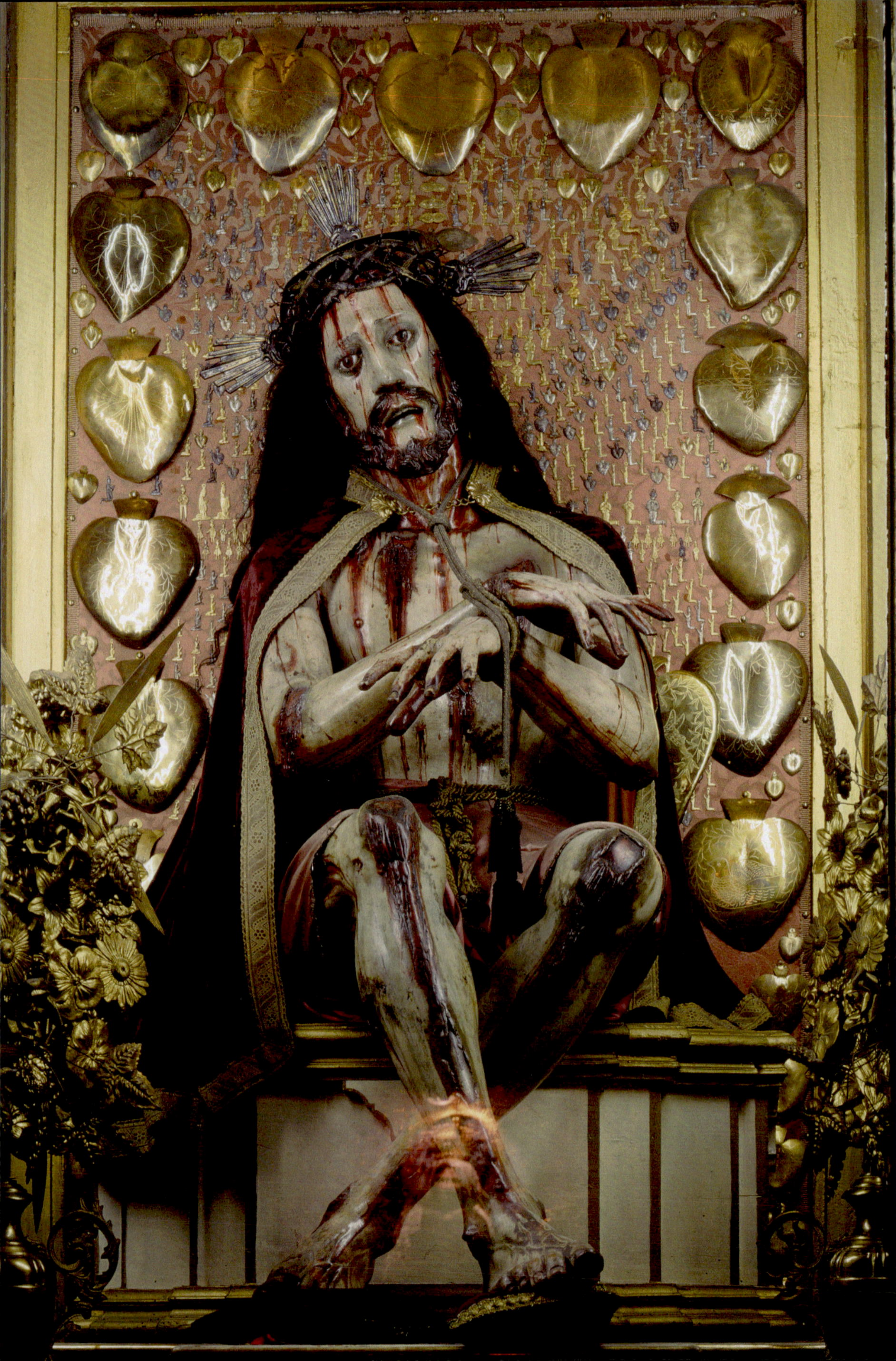

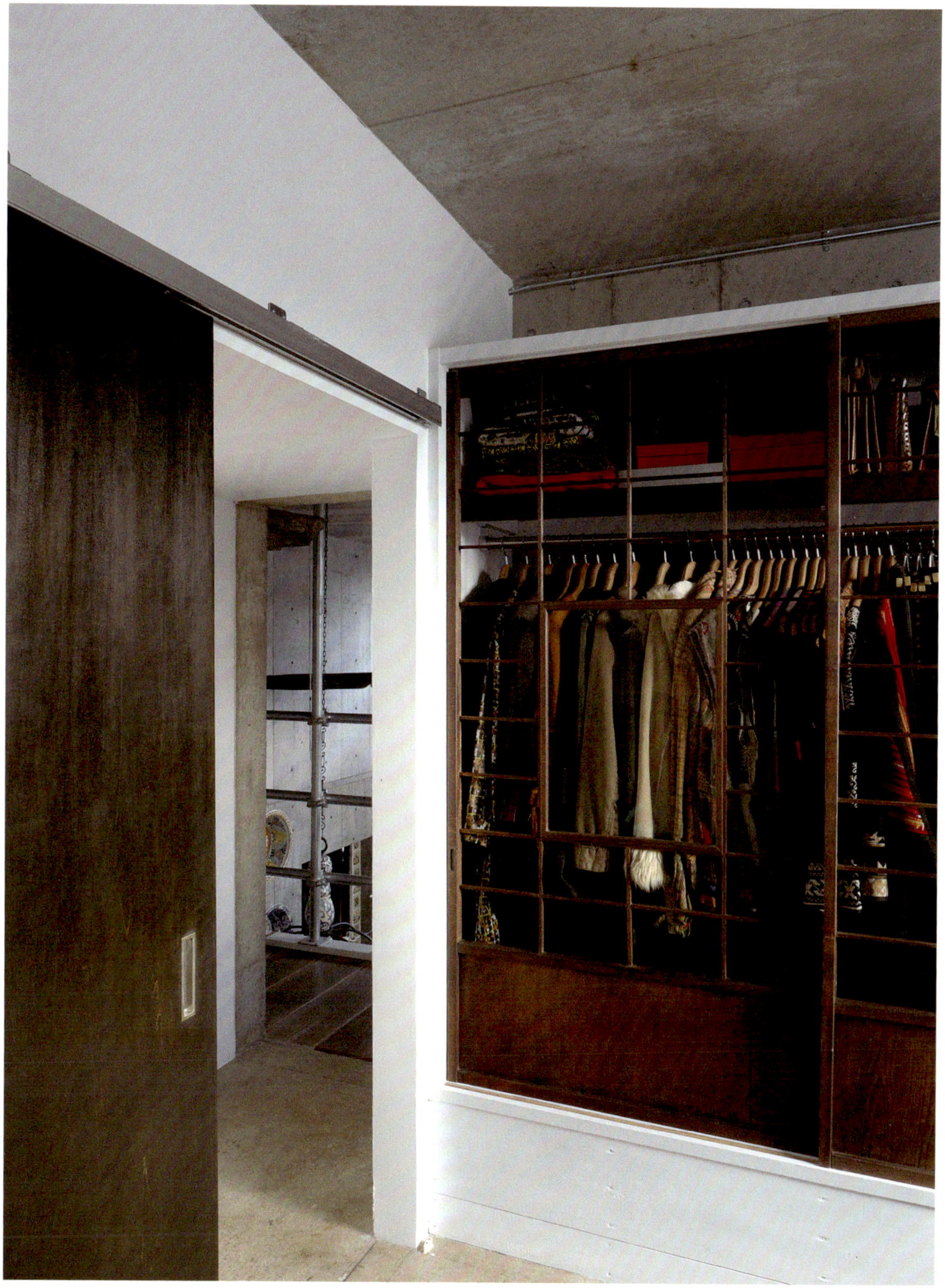

日本——迷宮を大型プリントで再構築する

Japan: Reconstructing a Labyrinth in a Large-Sized Print

日本にもウルトラバロックのような、過剰装飾に満ちた建築が競うように建てられた時代がある。16-17世紀、スペイン、ポルトガル帝国の世界戦略でキリスト教が布教されると、日本の武将や商人に西洋的な考え方が移入され、メキシコと同じような歴史上の転機があった。それ以前の日本の建築は、神や仏に対する信仰心からつくられるか、または単に生活のための上屋としてつくられたものだ。しかし、一部の日本人に近代的な自我が芽生えてくると、建築は個人の欲望を満たす道具ともなる。やがて城や霊廟は武将の権威を人々に知らせ、茶室は豪商や武将の虚栄心を満足させる舞台装置として競うようにつくられるようになった。

　　　　「サムライバロック」は、そうした城や霊廟や茶室を覆っている日本のバロック様式だ。この時代、信長のみならず諸国の大名や堺の商人たちは、日本の覇者と成らんがために我先にとイエズス会等と交流し、たくさんの武器や調度品とともに西洋

There was a period when Japanese people built excessively ornamented buildings like those of the Ultra Baroque. Since ancient times, Japanese architecture had been created out of faith in the gods and Buddhas or simply for the purpose of putting a roof over one's head. However, when Christianity first reached Japan in the 16th and 17th centuries, a sense of egoism began to appear among some of the powers-that-be, so that architecture became a tool for fulfilling one's personal desires. So-called "Samurai Baroque" was the style of Baroque that covered their castles, mausoleums, and teahouses. For a long time, Japanese architecture had taken Chinese architecture as its model, customized its wooden architecture, and developed it independently. Thus the influence of Western architecture was reflected not in structure but in floor plans and decorative

建築の情報も手に入れている。日本建築は長らく、中国を手本とした木造建築を独自に展開してきたため、こうした西洋建築の影響は、構造技術ではなくプランや装飾に反映されていった。そのため、一見従来の控えめな日本建築でありながら、同時期に世界各地で展開したバロック様式と同質の、演劇性と豪華な細部——066-067 を持ち合わせている。派手で具象的な装飾だけに目を奪われると、いかもの、キッチュという言葉が似合うが、建築全体の構成を合わせて考えると、日本建築が初めて近代につながる芽を持ったといえる。日本建築に教会堂の構成を取り入れた二条城や西本願寺対面所、日光の霊廟、西洋の図案が使われた松島の霊廟などは、いずれも17世紀の西洋バロック全盛期に完成している。日本がこのとき開国していれば、サムライバロックはさらに西洋のバロックと融合して、ウルトラバロック級の建築も出現したと思われる。それはメキシコのものよりも、かなり精巧な細部と建築的な完成度を伴っていたはずだ。しかし、残念ながら鎖国したため、バロックの精神を内に秘めたまま沈黙してしまった。

　　　　　それから300年の時が経ち、20世紀になって、サムライバロックは世俗的な建築に姿を変えて再登場する。霊廟はあの世を表現していることから、普段の生活から切り離された場所に転用され、遊郭やホテル、浴場、レストランなどで盛んに用いられた。それらは日本の庶民が憧れた日本一豪華な建築であり、外国人にも分かりや

touches, with the same types of dramatic and splendid details as the Baroque styles ——066-067 that developed everywhere in the world at the same time. If your eyes are distracted only by the flamboyant and concretely expressed ornamentation, you may think that it looks like kitsch, but if you think of the architecture as a whole, it may be fair to say that these are Japanese architecture's first steps toward modernity. Buildings completed during the 17th century heyday of Baroque architecture include Nijo Castle and the meeting room of Nishi Honganji and Nikko, which incorporated the structural styles of a church, and the mausoleums at Matsushima, which were built from Western designs. If Japan had been open to the outside world during that era, Samurai Baroque would have become further integrated with Western Baroque, and perhaps even Ultra

066——067 | バロック様式と同質の、演劇性と豪華な細部
The same types of dramatic and splendid details as the Baroque style
サムライの霊廟, 日本
Samurai Mausoleum, Japan
2002　8×10 inch film

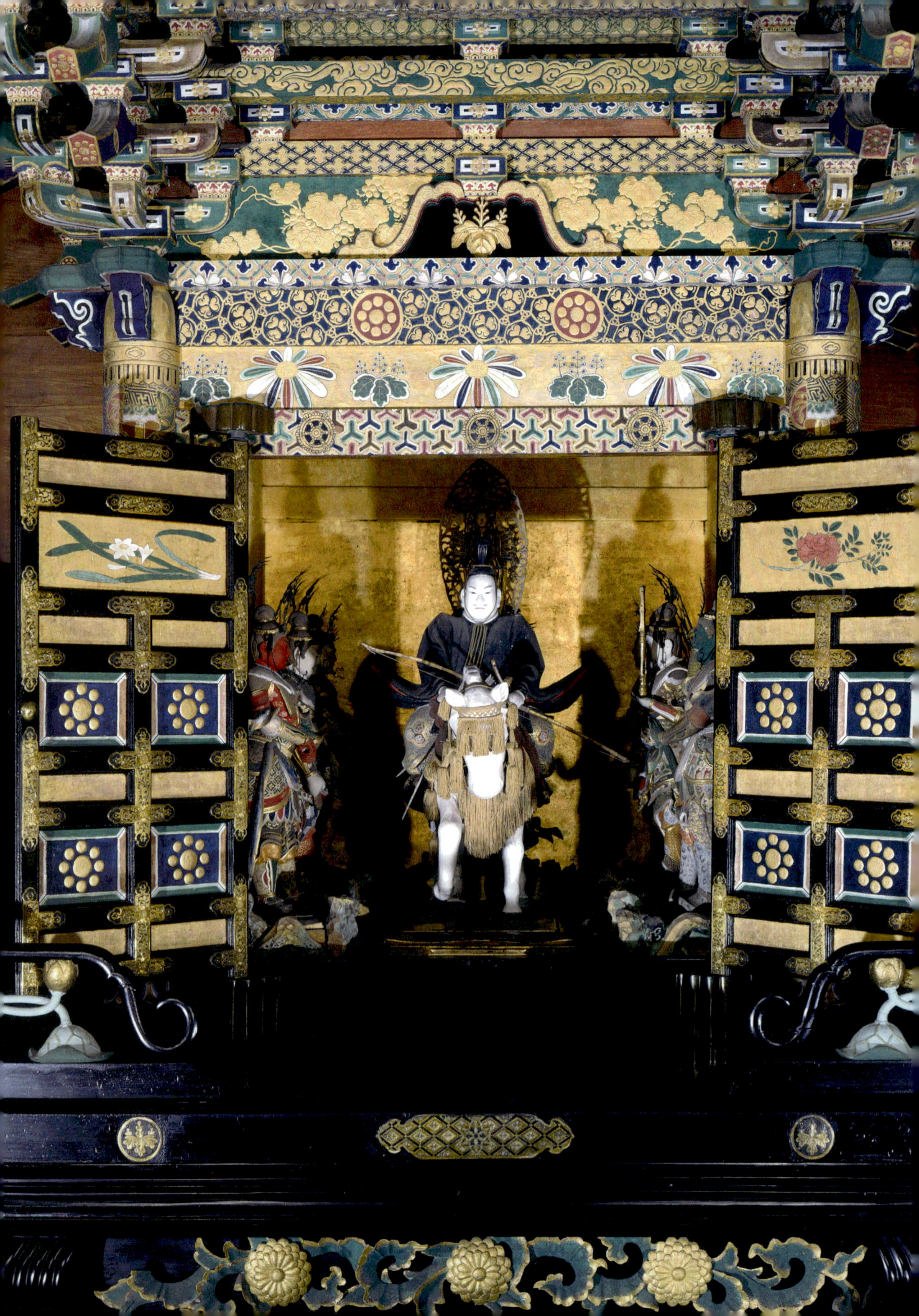

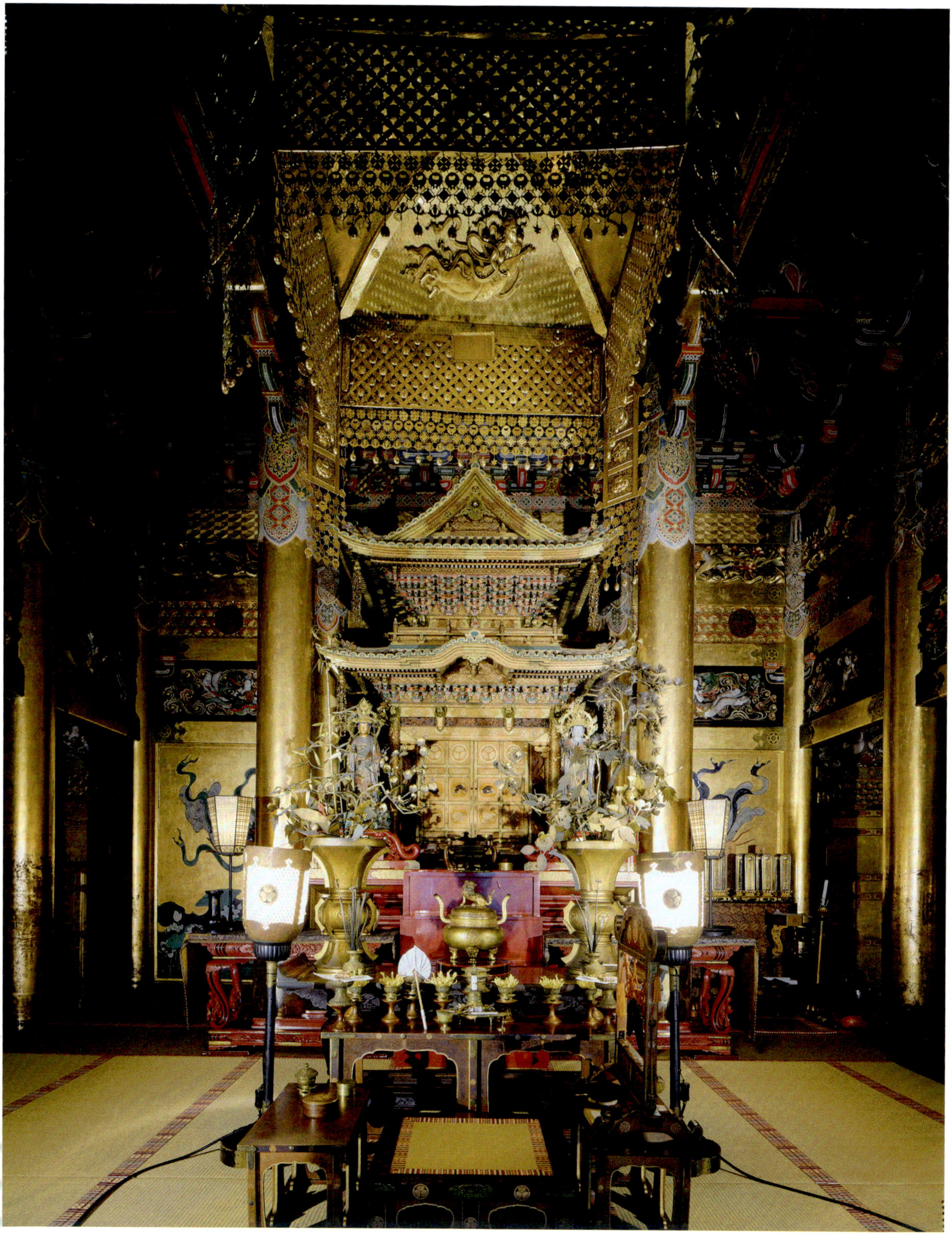

すいキリスト教色のある日本文化だった。現在でも、創建時の姿が残っている大阪飛田の旧遊郭百番や箱根富士屋ホテルで見ることができるが、最も素晴らしかったのは建て替えられる前の旧目黒雅叙園と雅叙園観光ホテルの複合建築だった。総延長1キロ以上に及ぶ廊下には螺鈿などの漆細工と日本画や彫刻が施されていて、両側には極彩色の和洋室が複雑に入り組みながら続いていた。どの部屋も細かい細工の施されたガラス窓がついていて、両側にスライドすると深山幽谷を模した日本庭園が広がった。さらに和館から連絡トンネルでつながっていたホテル棟には、国産第一号という日立製作所製のエレベーターがあった。扉には孔雀や美人画の螺鈿細工が施され、大きなブザー音と共に扉がスライドすると、黒い漆塗りの中から鈍い金属の光りを放つ中国人の姿が現れる。

　　　　このような霊廟をモチーフにした娯楽施設に共通するのは竜宮城のイメージだ。外部から窺い知れない艶やかな迷宮は、どこまで行っても永遠に核心にたどり着くことはできない——070-071。日本のバロックは常に表面を隠蔽してしまうので、核心が奥へ奥へと先送りされ、内部が際限なく迷宮化するのだ。迷宮は一つの路を永遠にさまよう概念で、枝分かれする迷路とは異なる。旧目黒雅叙園も入り口から順番に空間を見て回ると、飾り立てられた部屋が無限に連なっているだけだが、その連なる迷宮を頭の中で同時処理的に俯瞰したとき、他に類を見ない風景が現れる。コン

Baroque styles would have emerged, most likely with more delicacy and maturity than the styles in Mexico. Regrettably, however, Japan was a closed country, so the Baroque spirit remained hidden and silent.

　　　　Three hundred years later, in the 20th century, Samurai Baroque reappeared in altered form in secular architecture. Since mausoleums represent the afterlife, Samurai Baroque was adapted for locations removed from everyday life, such as pleasure quarters, hotels, bathhouses, and restaurants. This was the flamboyant architecture that ordinary Japanese people most favored, and it was also one of the easiest aspects of Japanese culture for Westerners to understand. Fascinating labyrinths, seemingly impenetrable from the outside, never let you reach the center, no matter how much you walk——070-

ピュータやアニメの中に現れる空間感覚に近い、現実と空想がつながり行き来しているような風景だ。

　　昭和の初め目黒雅叙園には、大工、左官、表具師、庭師、螺鈿細工職人から画家や彫刻家、美大生までが連日多数集まり工事が進められたという。昭和の大恐慌のさなか、「雅叙園に行けば仕事にありつける」といった噂まで流れ、雅叙園で絵を描き続けた画家たちは妾を連れ、日々飲食にふけり、気が向いたときに創作していたという。江戸時代の霊廟建築から引き継がれた日本の伝統的な職人技術は、明治以降に取り入れた西洋建築の技術や職人同士の技術交流、建築材料の開発などで、昭和の初め頃まで進歩し続けた。技術の革新、国際化による海外の情報は伝統的な日本建築にいろいろな素材や意匠を融合させ、数寄屋の国際化、近代化が進んだ。日本の庶民を喜ばせるための装飾や絵画、外国人に見せたい日本のエキゾチシズム、大陸からの中国趣味、当時併合していた朝鮮半島の意匠、暖炉などの洋館趣味、アメリカで流行していたアールデコやスパニッシュなどが巧みに職人の手で取り込まれている。戦災で焼けてしまった百人風呂は全面タイル貼りの浴室に、植物が配されたイスラム風だった。それらは、明治以降にのぼりつめた日本の伝統建築の頂点であり、昭和が残した最後の日本文化の集合体だった。しかし戦後、中国からアメリカへと自らが属する文化圏の中心が移動すると、このような迷宮建築はつくることも残されることも無くな

071. Japanese Baroque usually conceals the surface, so the core is steadily moved toward the interior, which seems like a limitless labyrinth. One kind of labyrinth (*meikyuu*) is based on the concept of continuously following a single path, unlike the maze (*meiro*), which has branching paths. Entering the former Gajoen in Tokyo or the Hakone Fujiya Hotel, one proceeded from the entrance through a series of spaces, so that it seemed like an infinite series of rooms, but if you imagine a simultaneous overview of this linked labyrinth, a scene like no other reveals itself. It is a scene with a sense of space close to that found in computer simulations or *anime*, a scene in which reality and fantasy follow upon each other.

　　The labyrinthine feeling of Samurai Baroque is especially deep because Christian

070──071 | 艶やかな迷宮は、どこまで行っても永遠に核心にたどり着くことができない
Fascinating labyrinths, seemingly impenetrable from the outside, never let you reach the center, no matter how much you walk.
旧目黒雅叙園, 日本　The former Meguro Gajoen, Japan
1986　6×9 inch film

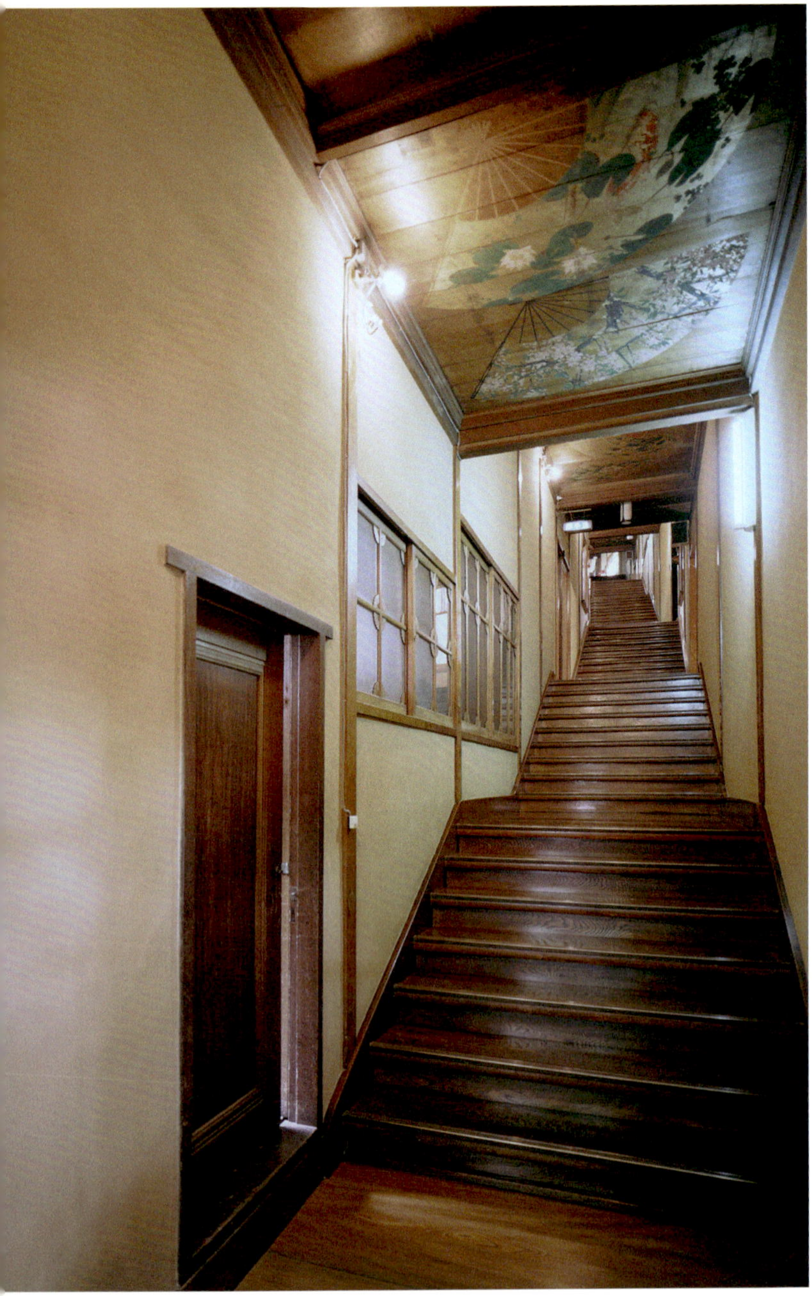
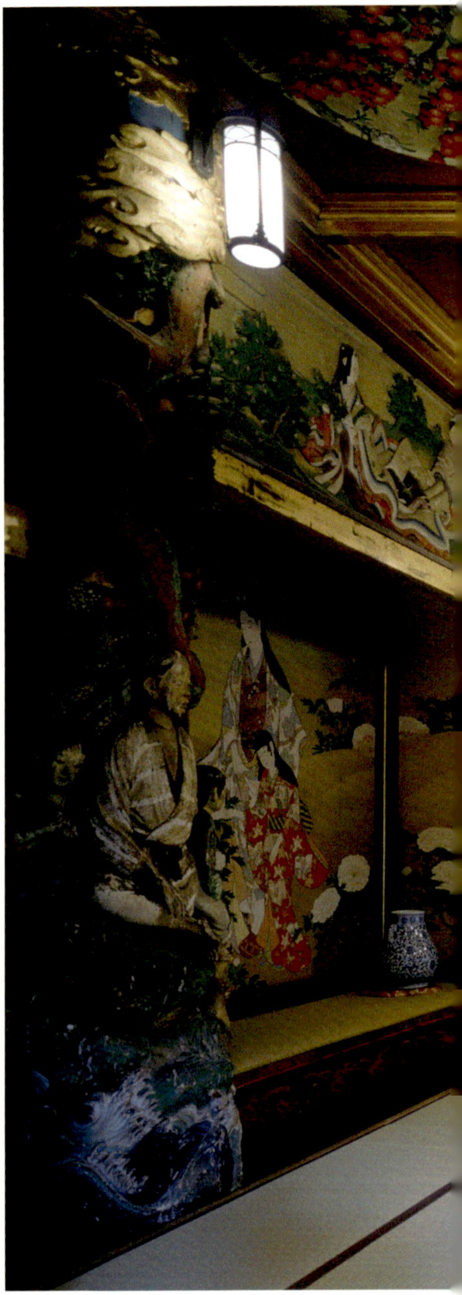

070——071

り姿を消した。

　一度、旧目黒雅叙園に泊まりに行ったことがある。扉も天井も壁も床の間も、部屋のすべてが螺鈿細工でできた部屋は「長門の間」といい、昔の軍艦の名前がついた部屋ばかりが集まる廊下に面していた。黒い漆の大きな壁に、貝殻でかたどられたたくさんの鶴が光っていた。電気を消しても何気なく鈍い光が残り寝付けなかったので、闇に包まれた雅叙園を探検した。他の宿泊客は誰もいなかった。非常灯だけがともる館内を上へ下へと歩き回った。月夜に光る螺鈿細工、闇の中で無数の彫刻が動いているような気がした。不意に廊下の突き当たりから絵の中の美人がこちらを見ていたりする。あちこちの絵から放たれる目線が複雑に交差し、だんだん悲鳴のような音が聞こえてくるような気がしたので部屋に戻った。螺鈿の壁は沼のような闇を湛えて待っていた。

　こうしたサムライバロックの迷宮感が深いのは、中国建築を日本化した建築システムに、キリスト教的な空間構成と意匠が重ねられているからだ。木材と紙、草を使った伝統的な工法で組み立てられているのに、ヨーロッパの教会堂や宮殿、メキシコのウルトラバロックに負けない重厚な空間に仕上がっている。代表作である日光の家光霊廟大猷院は、奥へ奥へと視線を誘導するパースペクティブ効果が加味され、大変な密度と量感が迫ってくる。メキシコのウルトラバロックと同質の空間だ。また、

spatial structures and designs are imposed on Japanese versions of Chinese architectural styles. Even though the buildings are assembled with traditional techniques employing wood, paper, and grass, they have risen up as stately spaces that are not inferior to those in European churches or palaces or Mexican Ultra Baroque. A major building in that style is Taiyuin, the mausoleum of Tokugawa Iemitsu in Nikko, and its perspective effect, drawing the viewer's gaze ever inward, gives it extreme density and mass. Moreover, Nijo Castle in Kyoto is surrounded by stately decorated sliding doors, and moving the sliding doors changes the space——075. When the massive gold-leaf decorated pictures, as large as murals, move, they bring forth an increasingly Baroque fluidity. Western architecture partitions the interior of a single building to create rooms, but traditional Japanese

京都の二条城は、こってりと重厚に描かれた引き戸で囲まれているので、引き戸を動かすことで空間も変化する——075。引き戸に描かれた絵は薄い紙なのに、立体的なレリーフや彫刻に匹敵する存在感をもっている。おそらく、サムライが望む豪華な装飾を実現するために、絵師たちは西洋建築の情報を競って得たのであろう。壁画のように大きく、量感のある金箔貼りの絵が動くことで、建築はますますバロック的な流動性を発揮している。西洋の建築は一つの建物の中を仕切っていくつかの部屋をつくるが、日本の伝統建築は部屋ごとに屋根がかけられ、それらが連続して一つの建物となることが多い。その一つひとつの部屋が引き戸で囲まれているため、なんとなく透けて次の部屋が見通せる。サムライバロックでは、この部屋という単位が、自己完結性の高い、教会堂のような豪華なバロック建築に近づいている。そして、部屋を囲む引き戸をスライドさせることで、部屋と部屋が連続したり切り離されたりする。西洋建築のように閉じている空間を開き、隣り合う部屋と連続させる引き戸。壁画を軽い紙で作ったことで、空間を閉じることと開くことが両立したのだ。

　我が家が住むのに不自由しないくらい出来てきた頃、訪れてくれた友人やその知人のなかに、「同じような家を建てたい」という人が次々と現れた。我が家と同じような家と言っても、見ている所は各人によってずいぶん違う。アートと建築の一体感に共鳴する人がいれば、メキシコのタイルや民芸品に心をなごませる人、荒々しい

architecture places a roof on each room and creates buildings out of linked rooms. Each of those rooms is surrounded by sliding doors, so in any case, one can see through to the next room. Samurai Baroque approaches the church-like style of architecture in which the rooms are separate but linked to one another. However, sliding the doors that surround the room opens spaces that are closed off in Western architecture, and adjacent rooms form continuous spaces.

　Once our house was complete enough so that living in it was no longer uncomfortable, many of our friends and their acquaintances who came to visit said that they wanted to build a house like ours. At the time we started designing, our Ultra Baroque photos were exhibited in blown-up versions 11 meters across on the Shibuya

074 | システムキッチンにも、
　　ルーターで加工して写真をはめ込んだ
　　We incorporated photographs processed
　　with a router into the coordinated kitchen.
　　「フォトハウス」, 東京　Photo House, Tokyo
　　2006　8×10 inch film

075 | 引き戸を動かすことで空間も変化する
　　Moving the sliding doors changes the space
　　「フォトハウス」, 東京　Photo House, Tokyo
　　2006　8×10 inch film

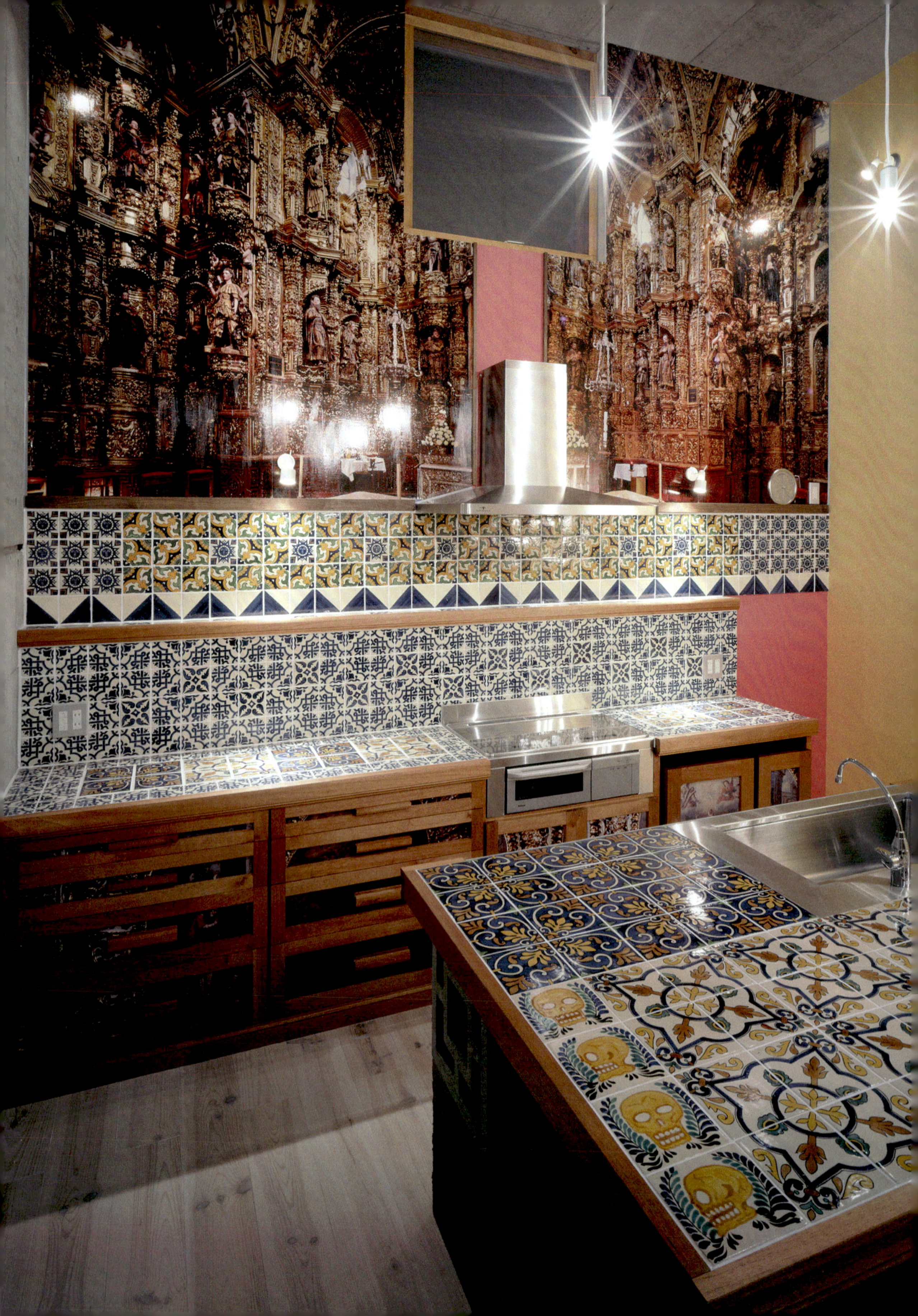

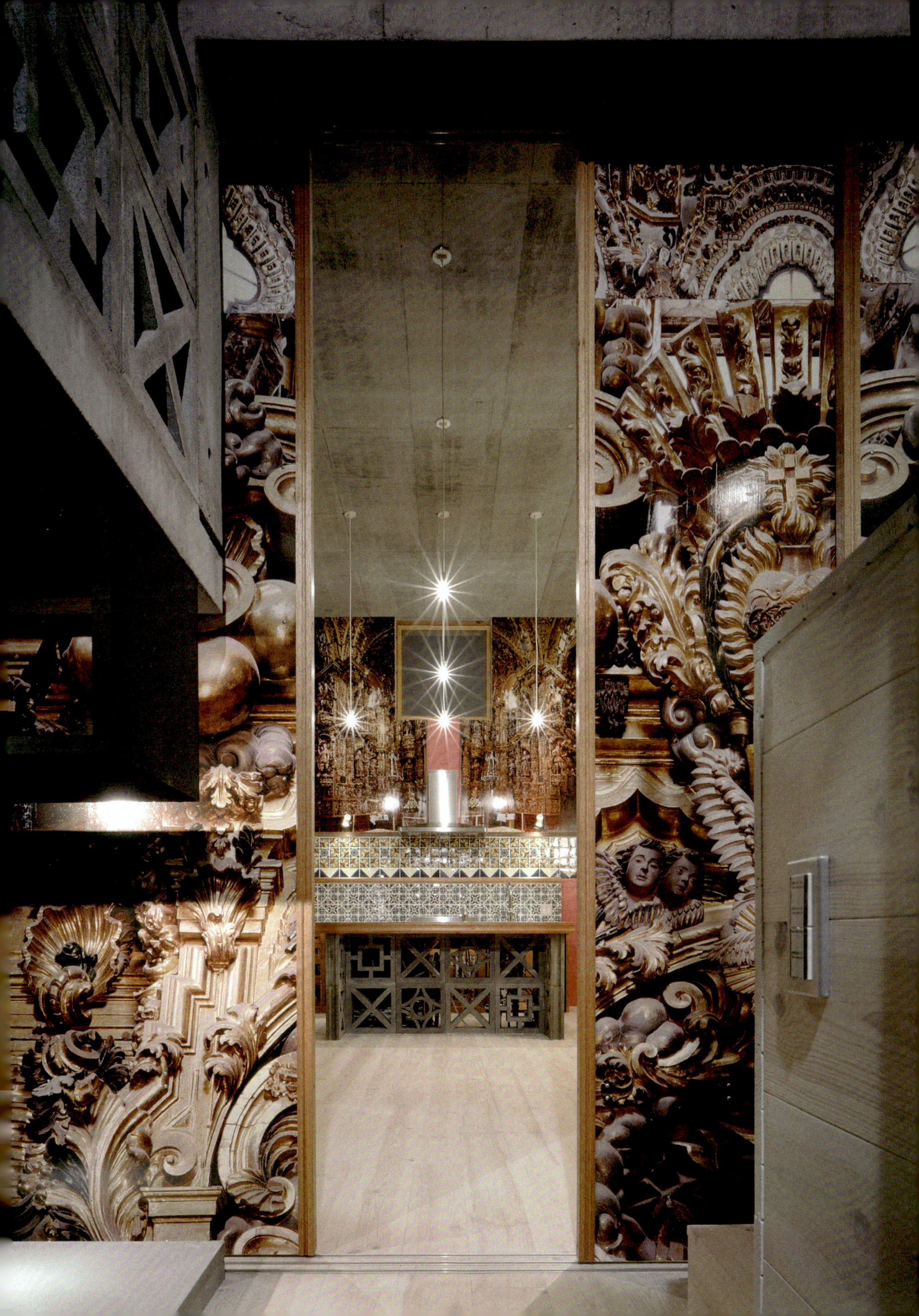

コンクリートと鉄パイプがかっこいいと思う人、時を経たような風合いに浸る人、地震に強そうな感じに安心する人、断熱性能に驚く人、安い建設コストに関心を持つ人。結局、何軒かの家を東京でつくった。その中で、「フォトハウス」は音楽とビデオの仕事をしているTさん夫妻のために設計した家だ。私たちの「東京の家」では、写真の内容を建築に変換する方法を用いたが、「フォトハウス」では、大型写真をそのまま建築の一部として持ち込んだ。

　　　ちょうど設計を始めた頃、私たちのウルトラバロックの写真が、渋谷駅の広場で幅11mの大きさに引き伸ばされ展示されていた。それを偶然見たTさん夫妻が「うちの家にもあの巨大写真が欲しい」と言ってくれたのが、写真で引き戸をつくることになったきっかけだ。ウルトラバロックは、先住民文化とキリスト教というグローバリズムの融合という意味で、サムライバロックと同じ構造をかかえている。それは現代に続く世界的な構造の始まりでもあるから、時代と場所を超えて現代の東京の住宅に持ち込むことにした。ウルトラバロックとサムライバロックを一つにするために、メキシコの写真で引き戸をつくって、竜宮城のような日本的な迷宮空間を仕立てる。

　　　Tさん夫妻のリクエストに沿うように、ウルトラバロックの写真で高さ2.7mの引き戸を制作した。この頃、一郎が木工に凝っていたので、2カ所の引き戸の他に、

Station Plaza. Some clients of ours, a married couple, who happened to see the exhibit and expressed their desire to have giant photographs in their house. This became the inspiration for us create sliding doors covered with photographs. Ultra Baroque means the intersection of indigenous Native American culture and globalism, and it includes the same structures as Samurai Baroque. It is also the beginning of present-day global structures, so we decided to incorporate it into the couple's house, "Photo House." In order to blend Samurai Baroque and Ultra Baroque, we made sliding doors from the photographs of Mexico and constructed a Japanese-style labyrinth space like the Dragon's Palace under the Sea. During that period, Ichiro was absorbed in woodworking, so in addition to two sliding doors, he made a staircase of storage boxes and incorporated

箱階段やシステムキッチンにも、ルーターで加工して写真をはめ込んだ──074。教会堂のようなダイニングとキッチン、神父の支度部屋のようなアトリエと寝室、それと屋上へと続く回り階段、その3つの空間をウルトラバロックの写真でつないだ。二条城の障壁画と同様にスライドすれば絵は隠れてしまうし、見え方、空間の連続性は使う人が自由に選択できる。家のなかにいくつもの回遊ルートをつくったから、引き戸を抜けて上がったり下がったり、毎日の暮らしが迷宮探検だ──078-079。バロックの特徴であるトロンプ・ルイユ＝騙し絵を意識したので、コンクリートの閉鎖感に囲まれた部屋でも、写真の中で向こう側に空間が広がっていく。写真は、コンクリートのテクスチャーに馴染ませるために絵画のような落ち着いた風合いにプリントした後、さらに表面を加工し、いくつかの異なった写真を組み合わせた。こうして写真の生々しい感じを消していくと、写真と建築の境界が取り払われて、二条城の障壁画のような存在になる。

photographs processed with a router into the coordinated kitchen——074. We used photos of Ultra Baroque to link three spaces: the church-like kitchen and dining room space to a vestry-like studio and bedroom, and then to a spiral staircase that leads to the roof. As in Nijo Castle, the pictures are hidden when you open the sliding doors, so the user can freely select the look and continuity of the space. Since we have set up several "migratory routes" within the house, we pass through the sliding doors, going upstairs and downstairs, making everyday life an adventure in a labyrinth——078-079. Since we were aiming for the *trompe l'oeil* effect so characteristic of the Baroque era, even the rooms that seem to be closed off with concrete walls have photographs that seem to broaden the space to somewhere beyond the photograph.

078——079｜毎日の暮らしが迷宮探検だ
Everyday life is an adventure in a labyrinth.
「フォトハウス」, 東京　Photo House, Tokyo
2006　4×5 inch film

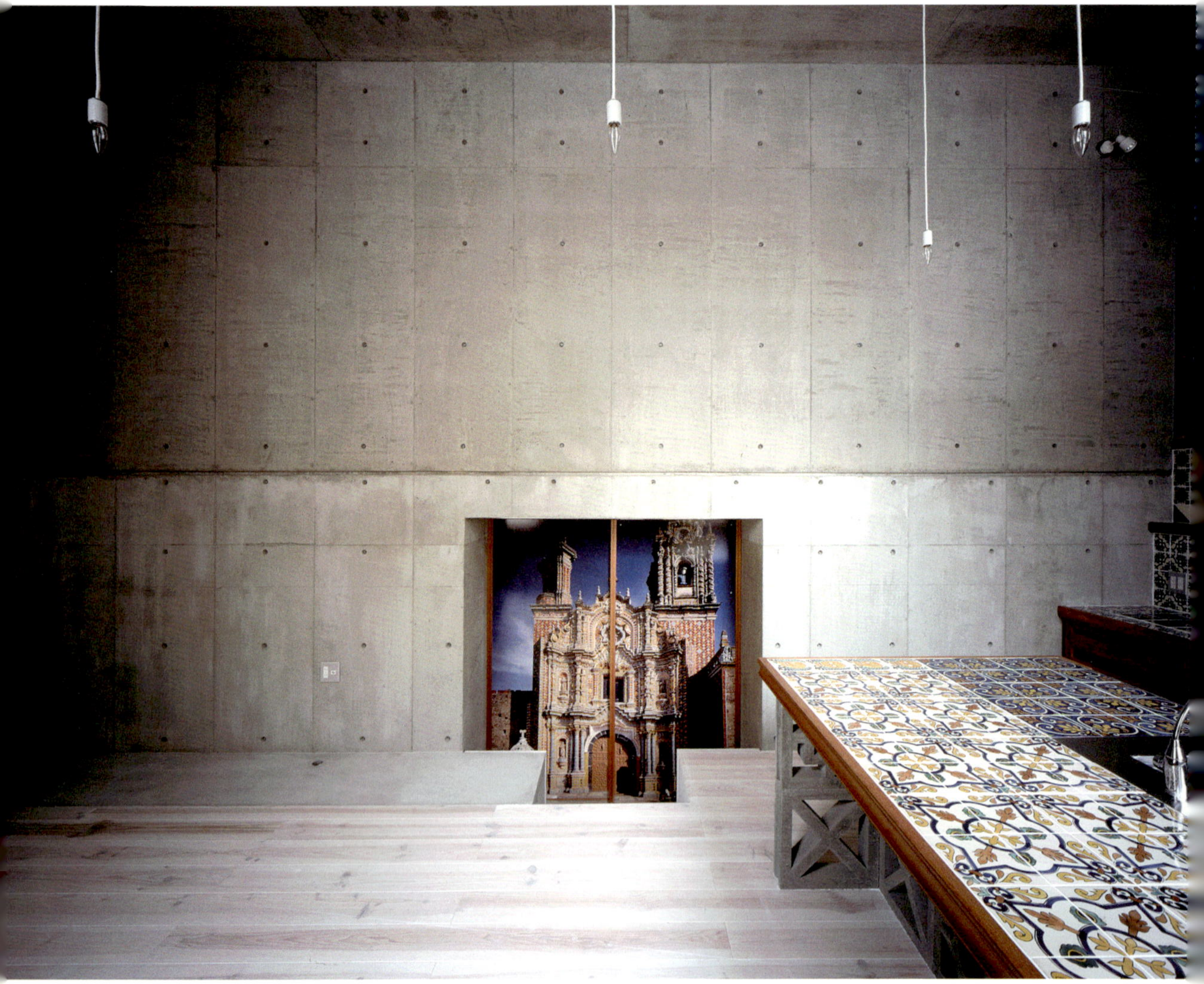

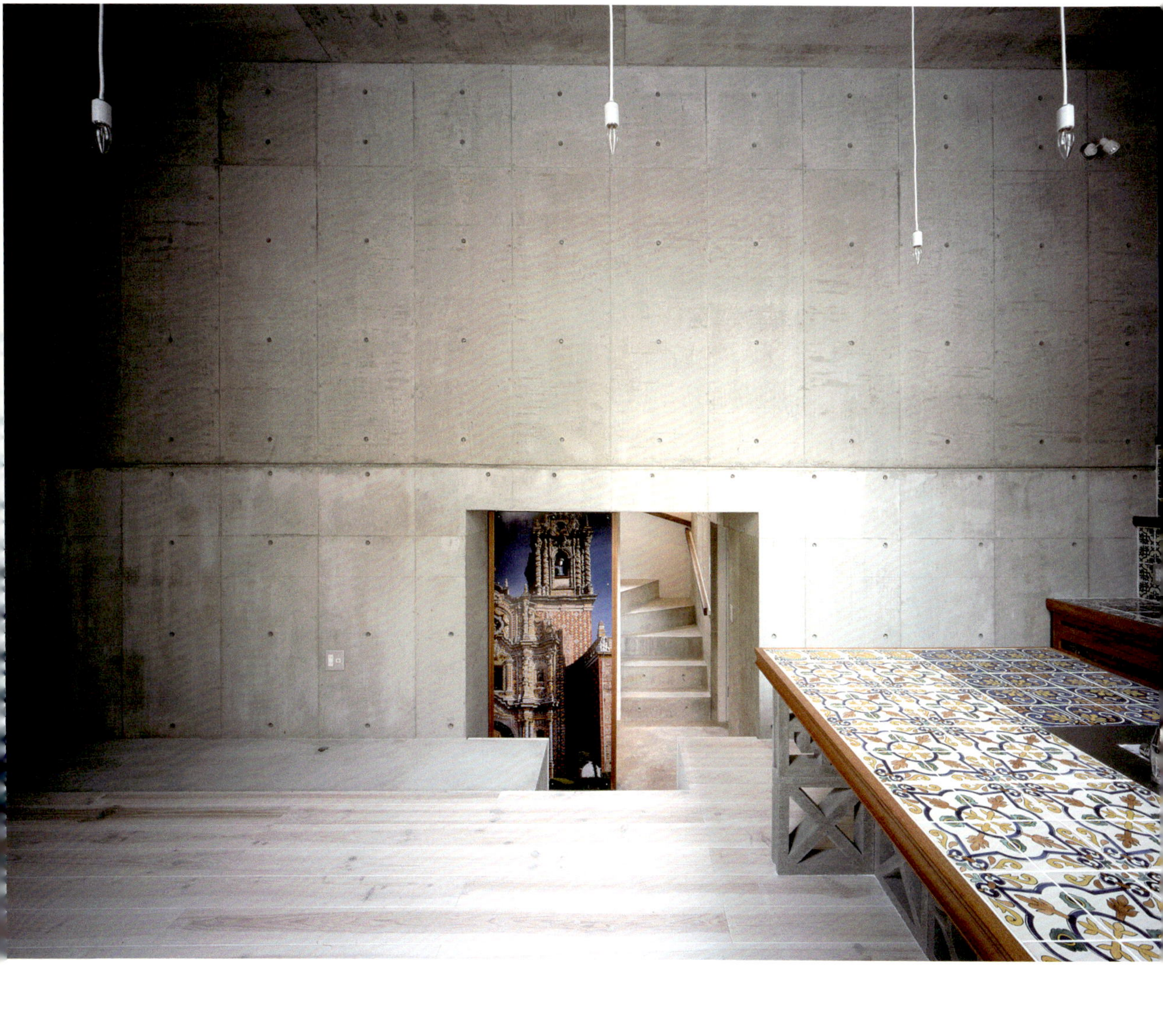

ナミビア——二人の原風景を一つにする

Namibia: Integrating Our Archetypal Images

十数年前に南アフリカへ撮影に行った帰り、ヨハネスブルク空港の書店で一枚の写真を見つけた。ナミビアの砂漠に奇妙に取り残されたドイツ人の家が写っていた。
　アフリカ大陸の南西の端は、人を寄せ付けない荒涼とした砂漠だ。移動する手段はもっぱらセスナで、月面のようにひたすら何もない、無彩色のランドスケープを見下ろして飛んで行くと、眼下に大型船の残骸が現れる。これらは喜望峰を目指しながら、荒れた海で難破して砂漠に飲み込まれた船だ。一番大きいのは1909年に濃霧で座礁したドイツの貨客船エドアルト・ボーレン。100年の歳月にもかかわらず、地平線まで続く砂漠に恐竜のように横たわっている。ナミビアの砂漠地帯は、地球の原始の姿が残された場所と言われる。白や赤、黒、緑などのいろいろな色の岩石と、風や磁力によって混じったその粒子による砂丘が、月面を想像させるような荒涼とした風景を作っている。強風によって砂丘は１日に60キロも移動することがあるといい、鉄道

On our way home from a photographic trip to South Africa more than ten years ago, we found a photograph in a bookstore in the Johannesburg airport. It depicted the ruins of the homes of German colonists strangely preserved in the Namibian desert. The southwestern part of the African continent is an inhospitable, wild, and desolate desert. Flying over it in a Cessna, you look down upon a monochromatic landscape as barren as the surface of the moon. It may be fair to say that the Namibian desert is a region that preserves the original form of the Earth.
　At the end of the 19th century, German colonists came to this unexplored desert and began building a network of railroads to the interior. Some shiny stones were discovered during construction of the railroads, and when it was confirmed that they

や道路はたびたび砂丘によって寸断されてしまう。

　　　　僅かな先住民と鹿などの動物が暮らす砂漠に、19世紀の末、ドイツの人たちが入植した。広大なアフリカ大陸も、植民地として魅力的な場所はすでにイギリスやフランスなど先行する帝国に握られており、遅れをとったドイツに残されていたのは何もない荒涼とした砂漠だった。ドイツは1884年に港町ルーデリッツを中心としたドイツ領南西アフリカを成立させ、内陸部に鉄道網を築くための工事を始める。その鉄道工事で光る石が発見され、それがダイヤモンド原石であることが確認されると、何も無かったはずの砂漠に一攫千金を夢見る人々が一気に押し寄せた。そんなダイヤモンド・ラッシュまっただ中の1908年9月、ドイツ植民地政府はダイヤモンドを含むと考えられるすべての地域を立ち入り禁止エリアとして規制し、許可証なしでは入域できないようにした。それは、現在もナミビア政府とデビアス社に引き継がれている。

　　　　鉱夫の家は、最初は木造の小さな掘っ立て小屋だったが、しだいにレンガが積まれて立派な家々が建設されていった。窓枠はスウェーデン製、セメントはベルギー製という具合に建設資材はヨーロッパから調達された。ルーデリッツやコルマンスコップ、ポモナ、ボーゲンフェルスなどの主だった町には、豪華な家やホテル、駅舎、ダンスホール、ボーリング場などが建った。当時のコルマンスコップには、およそ大人300人と子供40人のドイツ人、800人の先住民労働者が住んでいたというが、第一

were rough diamonds, people obsessed with dreams of untold wealth came pouring into this supposedly empty desert. Diamond prospecting became a territory-wide venture, splendid houses were built, and several towns arose. Some sort of power was needed for mining, for digging in the sand, for moving the locomotives, and for keeping the conveyer belts moving at the processing factories, but steam engines were impractical due to their consumption of large amounts of fresh water. These days, you can see the ruins of a large thermal plant on the shores of Luderitz Bay, and it was built to supply power for mining operations. During a period when Europe mostly used steam engines, extremely modern facilities and cities were being constructed in a remote region of Africa──083. The old distribution boards that can be seen everywhere in the ghost towns show the high

083 | アフリカの辺境の地に極めて近代的な設備と都市が構築されていった
Extremely modern facilities and cities were being constructed in a remote region of Africa.
分電盤, ナミビア　Distribution Board, Namibia
2006　8×10 inch film

082——083

次世界大戦（1914-1918）でのドイツの敗北後、南アフリカに占領され、ダイヤモンドの権利も格安値で買収されてしまう。ドイツ系住民はそのまま残留し、超大型のエリザベス・ベイ鉱山が稼働すると、戦後不況のドイツから次々と技術者が移民して来た。ドイツ人にとって困難だった時代に撮られた１枚の写真がある。コルマンスコップの大ホールで鍵十字の垂れ幕をバックにした集会の写真だ。そこには再びドイツ人のアフリカが誕生するのを夢見た人々の活気が写されている。しかし、さらなる敗戦のあと、故郷が東ドイツになったなどの理由で帰国できなかった人も多く、現在のドイツ人コミュニティーはアフリカ生まれの世代が中心となっている。

　当初から砂漠の町で一番厄介だったのが水の供給だった。内陸部に井戸が掘りあてられるまで、はるばるケープタウンから船でルーデリッツに運び、そこから列車で各鉱山街に配っていた。一人１日20リットルまでは支給されていたが、それを超える水はビールの半分ほどの値段がしたという。鉱山では、砂を掘るにも、機関車を動かすにも、精選工場でベルトコンベヤーを回すにも動力が必要だったが、蒸気機関は新鮮な水を大量に消費するため不都合だった。現在、ルーデリッツ港のかたわらに大きな火力発電所の廃墟を見つけることができる。鉱山の動力供給のために作られたものだ。電力はエリザベス・ベイやコルマンスコップに送られ、ダイヤモンドの機械化された選別方法が確立していった。軌道式のエレクトリック・クレーンがダイヤモン

penetration rate for electric power. However, these towns devoted to the pursuit of riches went through a sharp boom and bust cycle, and when the last residents left in 1956, looters began stripping the houses of their furniture, fixtures, and building materials. The communities became ghost towns where sand flowed in through the ruined doors and windows.

　Back in Germany, these kinds of houses would have been surrounded by greenery. However, this African Germany looked as if it had suddenly drifted away to the moon's surface one day. The strong winds that blow through every day traced lovely patterns in the dunes that accumulated inside the rooms. Sand blew through the rooms even as we were taking pictures. If you looked only at the wind ripples, they looked

ドを含んだ砂を次々と掘り起こし、大型電気機関車ジャーマン・クロコダイルが牽引する貨車が精選工場へ運ぶ。エリザベス・ベイの精選工場には、膨大な数のベルトコンベヤーや選別機のモーターが整然と並んでいた。そして鉱山地区のセンターとなったコルマンスコップには大型冷凍設備が作られ、電力によって毎日すべての住民が氷のブロックを手に入れることができたという。家々のあいだは、生活物資を宅配するための軽便鉄道で結ばれ、アフリカで初めてというレントゲン設備が導入された近代的な病院もあった。

　ヨーロッパでもまだ蒸気機関が主流の時代に、アフリカの辺境の地に極めて近代的な設備と都市が構築されていった——083。電気の普及率の高さを示すように、ゴーストタウンの至る所で古い分電盤を見かける。しかし、こうした富の追求のみを優先させた町の栄枯盛衰は激しく、ボーゲンフェルの町は1910年から1913年と僅か3年、国家事業規模のエリザベス・ベイも1926年から1931年までの5年の命だった。地域のセンターだったコルマンスコップも、ダイヤモンドの産出地が南部のオランジェムントに移ると1930年に操業を停止する。そして1956年に最後の住民が去ると、家具や建具、床材などの略奪が進み、壊された扉や窓から砂が侵入してゴーストタウンとなっていった。

　今、私たちの目前に広がるのは、砂に押し流され漂流しているようなコルマ

just like the Namibian desert landscape. You couldn't tell whether you were seeing the ripples out in the desert or indoors where a family used to live. The interior sand dunes brought forth early childhood memories in both of us. Ichiro recalled the sand piles at Ginkakuji, the Silver Pavilion, near his mother's childhood home in his native city of Kyoto. The monks raked the large sand pile in the Zen temple's rock garden every day, creating patterns that looked like wind ripples. Yu was reminded of the setting of her family's house in Düsseldorf, Germany, where they lived when her father was transferred there. She recalled the atmosphere of the quiet room with high ceilings and standing at the window with the elderly German woman who served as her babysitter, waiting for her mother to come home. Within the interiors of the houses in Namibia, Yu felt two overlapping

087｜騙し絵のように遠近感が壊れてゆく
An unconventional perspective like a piece of trompe l'oeil art
住宅, ナミビア　House, Namibia
2006　8×10 inch film

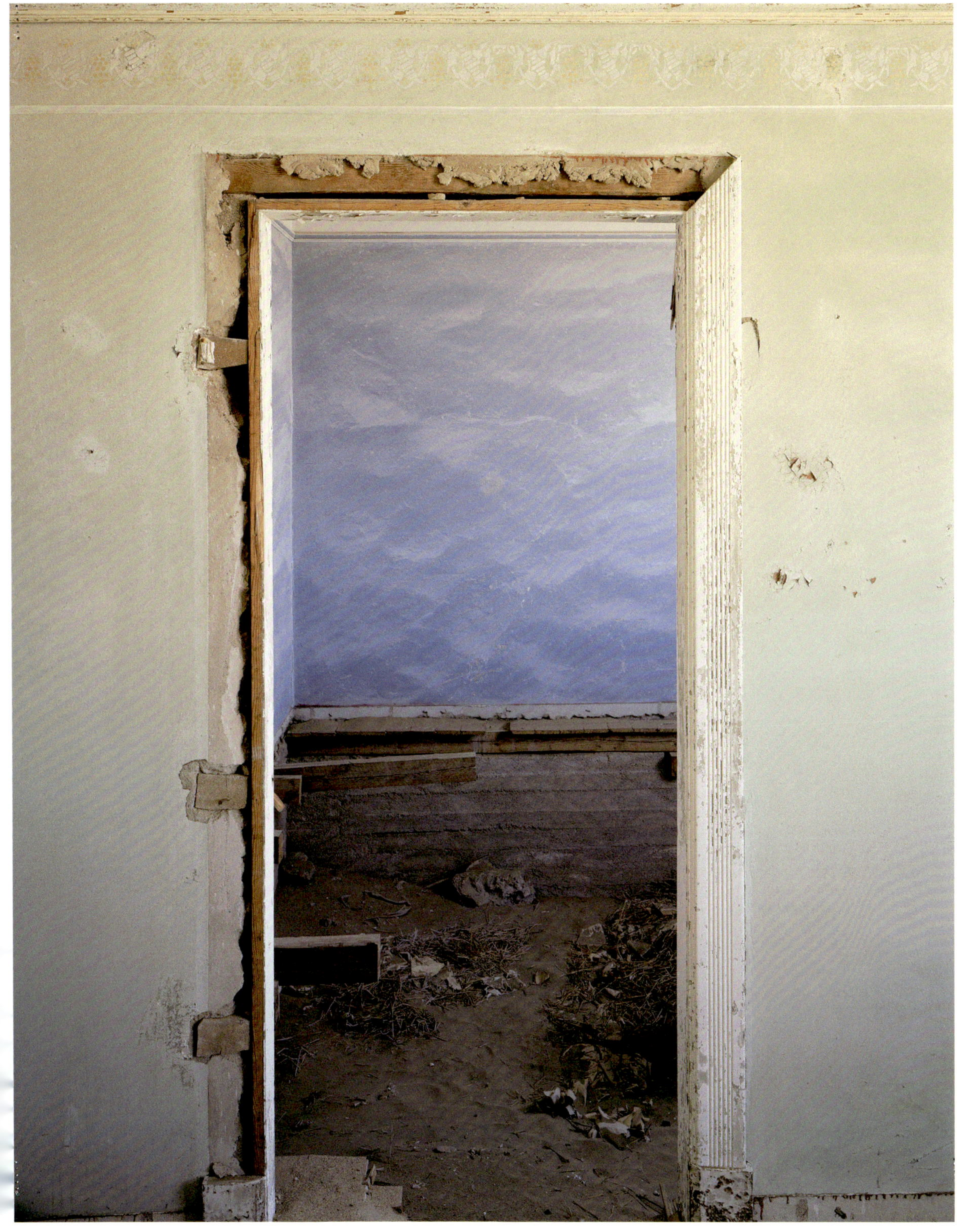

ンスコップの街だ。近くに水源はなく異常に乾燥している。一番近いルーデリッツの街から、月面のような世界を車で飛ばして20分、途中出会う車は鉱山労働者を満載したダイヤモンド会社のバスくらいだ。車を降り、砂の中をどんどん歩いて、大きな病院の廃墟に入る。長い廊下の両側には病室が並び、手術室の壊れた窓から砂がなだれ込んでいる。剝がれ落ちた天井には断熱用のアスベストがめくれ、壁には外れかけた古い分電盤がぶら下がっている。廊下の突き当たりの扉を開けて外へ出ると強い日差しで目がくらみそうだ。砂に足を奪われながら進むと、ここから続く家々にも割れたガラス窓から大量の砂が侵入している。行き場を失った家具やバスタブやストーブは、砂に押されて室内を漂流しているように見える。明らかに昨年とも、一昨年とも砂丘の場所はずれている。幾重にも装飾された繰型が彫られた扉は砂に埋まって動かない。よく見ると、室内の壁には淡いペイントの色や繊細な模様が残っていた。これらのインテリアの基調を成しているのは、モダニズムの一世代前に風靡した分離派とかゼツェシオンと言われる様式をもとにつくられた優雅なものだ。もともとは19世紀末にウィーンやドイツにおいて、先進的な芸術家たちが、人間の心の内面を表現しようと追求して生まれたデザインだ。

　本来このようなドイツ風の家は、本国では緑豊かな風土に建っているはずだ。しかし、このアフリカのドイツは、ある日突然、月面に漂流してしまったかのよう

anxieties: the anxiety she experienced in Germany while waiting for her mother to come home, and the anxieties of commuting to school by subway as an adolescent, during a time when there were widespread predictions about Tokyo being destroyed by an earthquake, one prediction being that it would be impossible to rescue anyone who happened to be riding a subway train when the doomsday earthquake struck. The photograph that we found at the Johannesburg airport became a clue to integrating both of our archetypal images. The act of integrating different archetypal images presented a world in which all time and space were folded together, hinting at an implicate existence.

　We aimed an 8×10 large camera at the entrance to a house that was almost buried in sand. The floor of the room, hidden by sand, reminded us of houses shown

な姿を見せている。毎日吹き付ける強風が、室内に堆積した砂山に美しい風紋を描いている。撮影している最中も室内を砂が駆け抜ける。風紋だけを見ているとナミブ砂漠のものと変わりはない。同じ風紋を砂漠で見るのか、家族が暮らしていた室内で見るのか。もしこれらの家が自然とともに生きる先住民の家だったら、すぐに砂とともに消えてしまっただろう。町のはずれに小学校の跡があった。倒れかけた優雅な扉をくぐって中に入ると、暗闇の中に板張りの大きな教室が見えた。さらに、ガラスの割れた扉を開けると暗くて長い廊下に出た。ヒューヒューという、砂を伴った風の音を聞いていたら、子供の頃『漂流教室』という漫画があったのを思い出した。ある日授業を受けていると、突然、学校が人類の終った異次元の砂漠にワープしてしまうという刺激的な内容だったが、ここではそれが不思議に思えない。

　　　　　コルマンスコップの検問所でセキュリティーチェックを受けて、ダイヤモンド鉱山の立ち入り禁止エリアに入る。古い鉱山の廃墟をいくつも見ながら車を走らせると、稼働中の現在の鉱山が見える。さらに進んで海岸に出ると、エリザベス・ベイ鉱山の廃墟と門前町にたどり着く。冷たい強風が吹き付ける荒涼とした海を背景に、倒壊した工場の鉄骨が折り重なる。巨大なベルトコンベヤーの跡は地下深くまで続き、大きな運河や貯水池、鉄道、ダンスホール、労働者の家々が、崩れて消えそうになりながら延々と続いていた。私たちを毎年ここに案内してくれたガイドに、ハンス・シュ

in traditional Japanese paintings, where about half the screen is covered with clouds and unidentifiable blank spaces. This kind of incomplete representation is a feature of traditional Japanese art. Tea ceremonies, too, are a traditional Japanese art form in which one ponders the installations in the teahouse with one's five senses and with words. Each one of the furnishings gives a casual feeling of incompleteness and plainness, from the hanging picture scrolls to the tea vessels to the interior decoration of the room. One does not add sugar to the tea. The master who greets the guests does not explain too much. The main artistic role moves from the garden to the building, the pictures, flowers, ceramics, confections, and tea. The tea ceremony is an experiential art form in which the boundaries between the selected individual elements are removed and links are forged

090——091 | 砂は地球の原初からこの場所にあるリアルな存在なのだ
Sand is a substance with a real presence that has existed in this place since the beginnings of the Earth.
住宅, ナミビア　House, Namibia
2006　8×10 inch film

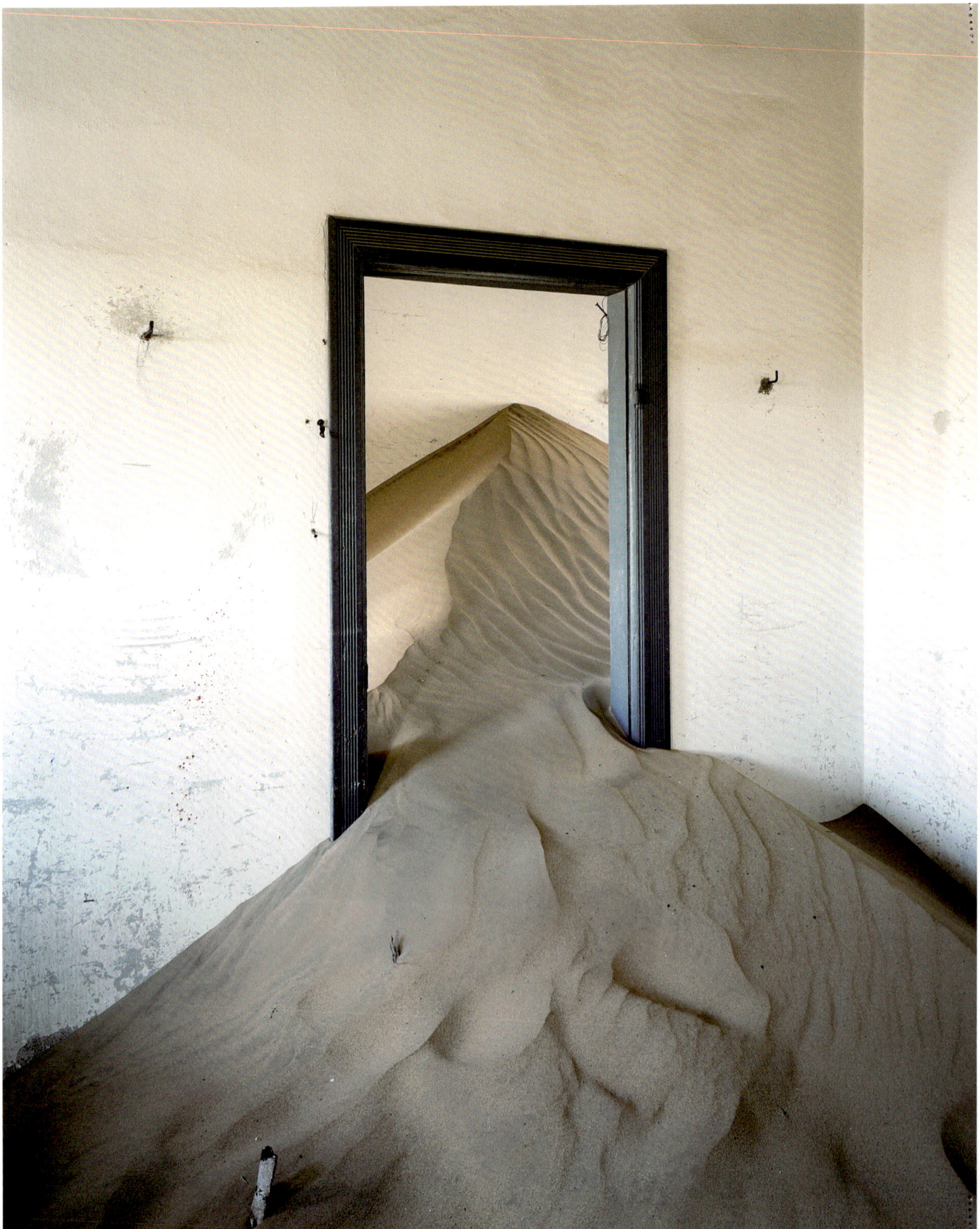

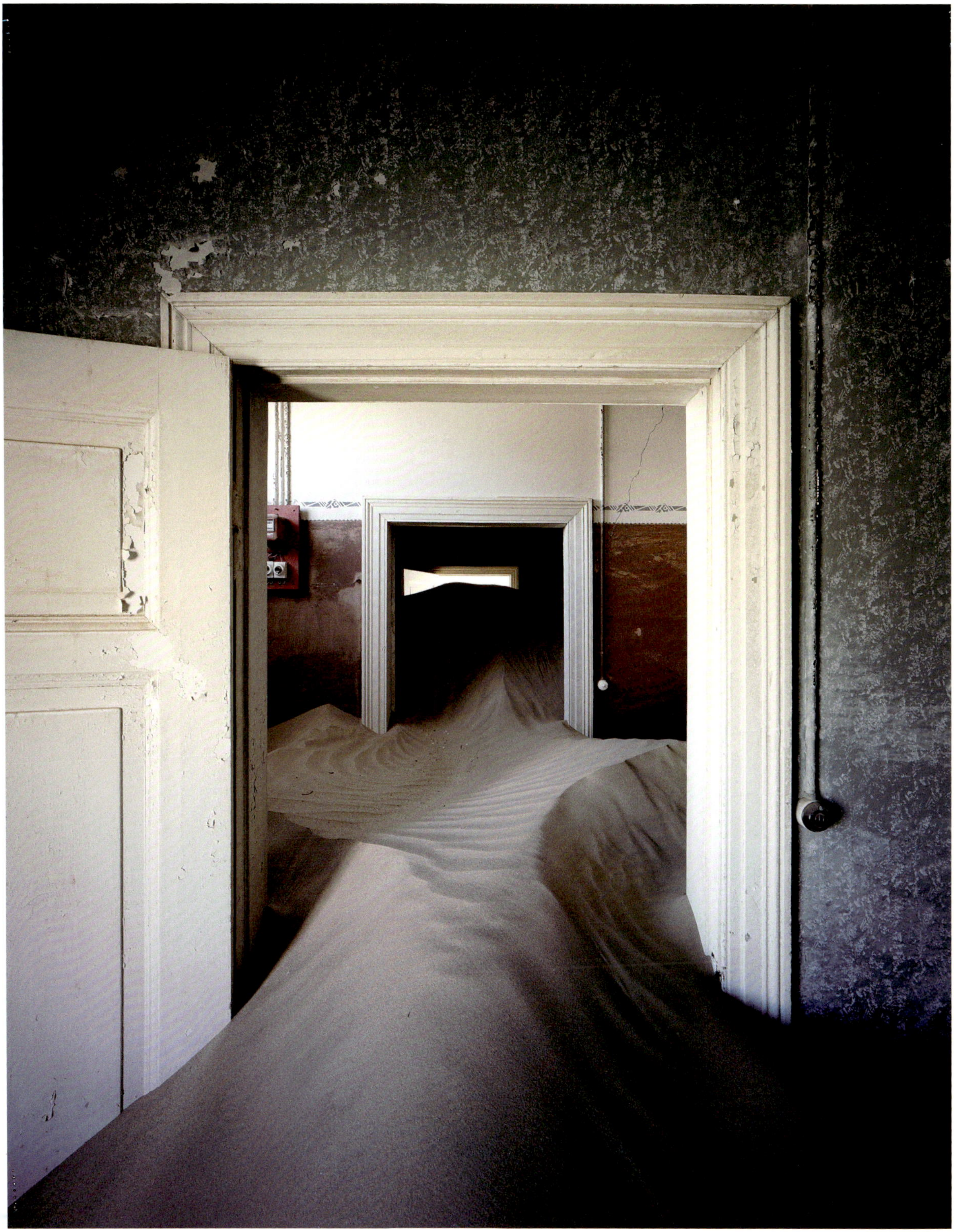

ミットさんという老人がいる。父親が技術者だった彼は1929年、2歳の時にドイツからエリザベス・ベイにやってきた。2年後には閉山になったが、幼少期を過ごした夢のような近代都市の記憶は彼から消えない。ガイドの仕事を忘れて、少年のように、無邪気に廃墟の街を駆け回る老人。最初に来た時に崩れかかっていた彼の家は、今はもう土台だけになった。彼は私たちのような特殊な観光客と同行したときにしか自分の故郷に帰れないのだ。

　　　以前監修したテレビ番組で、銀鉱山を批判して「山を掘りかえすようなことをしてはならない」という祖先からの言い伝えを語るメキシコの先住民がいた。アフリカの先住民から見ても同様に、鉱物を選別して富を得ていくという科学技術や資本主義といったシステムは異質なものであったろう。かくして、アフリカの砂漠にも西洋文明はやってきた。私たちの目の前を漂流するものたちは、純粋に近代人が砂漠に持ち込んだものだ。アフリカ人によって咀嚼されたものは何も無いので、ここではメキシコ人がつくり出したような文化融合的な創造は見られない。ただ、近代人が持ち込んだ残骸に自然の力がなだれ込んで神秘的な空間が生まれている。扉の向こうにもうひとつの世界が見える。

　　　この室内に現れた砂丘から、私たち二人はそれぞれ幼少期の記憶を呼び起こしていた。一郎は生まれ故郷の京都で、母の実家の近くにある銀閣寺の砂山だ。禅寺

among them as the participants enjoy the trajectory of time. The sands of Namibia, constantly changing color and shape with the passage of time, conceal the boundaries between floors and walls, like the blank spaces of a traditional Japanese painting. The neutral-colored sand creates subtle slopes here and there, making it difficult to determine distances. A room that appears overturned on the focusing screen seems to have an unconventional perspective like a piece of trompe l'oeil art——087 or the works of Escher. We operate the camera with the intention of entering that optical illusion. We seek the entrance to the world of the implicate——102 and adjust the lens until the perspective on the entire screen is flat.

　　　In the Southern Hemisphere, the sun appears to veer northward as it travels

の石庭にある大きな砂山は、毎日僧侶によって掃き清められ、風紋のような模様が描かれていた。頭の中では石庭の砂山と茶室が重なっている。祖父に連れられて行った茶会の記憶。ナミビアの廃屋に窓から屈んで侵入する動作や、崩れた屋根から差し込む光、構造が剥き出しになった閉鎖的な部屋が茶室の記憶と重なるのだ。一方、優が連想する記憶は、父の赴任で住んでいたデュッセルドルフの家の光景だ。天井が高くてシーンとした室内の気配。窓のそばで、ベビーシッターのドイツ人老婆とママの帰りを待っている。ようやく帰ってきたママのお土産は、パンをこねるための丸くて小さな木製の台と赤い取手のついたローラーだ。嬉しくて、さっそくコロコロ転がしてみた。ナミビアの室内には、ドイツの家の記憶と思春期の不安が重なる。地下鉄で通学していた中学生の頃、東京大震災の脅威や、人類が滅亡するイメージが広く流布されていたからだ。ヨハネスブルク空港で見つけた一枚の写真は、二人の原風景を一つにする手がかりとなった。異なる原風景の統合は、時間と空間すべてがたたみ込まれた世界、暗在系の存在を暗示している。

　　　　　砂で埋まりかけた家の開口部に8×10の大型カメラを向けた。部屋の足下が砂で隠されている姿は、伝統的な日本画に描かれた家の姿を思い起こす。そうした絵画は、画面の半分くらいが雲や得体の知れない余白で隠されている。こうした未完のままの表現は、日本の伝統アートの特徴だ。茶会は、茶室で行われるインスタレー

across the sky, so people from the Northern Hemisphere feel as if they are inside a mirror. The sun's rays are strong in the desert. The colorful hues produced by the sun reflected off the sand are beautiful, and some of the walls resemble the sea or sky with their peeling paint. They may seem this way because interiors look more like the natural landscapes we are accustomed to than the landscapes outside. As we pass through the doorway toward the interior, we approach the landscapes inside our hearts——098. Beyond the doorway is another doorway, and the nested structure of the rooms makes us feel as if we are being propelled through multiple worlds. It is difficult to specify our location, and the sands of Africa link the empty rooms, which look like stage sets. Sand is a substance with a real presence that has existed in this place since the beginnings of the Earth——090-091.

094——095 | いくつもの開いた扉から向こうの世界が
こちらに吐き出されている
It looked as if material from the world beyond
was being propelled toward us through several doors.
住宅, ナミビア　House, Namibia
2006　8×10 inch film

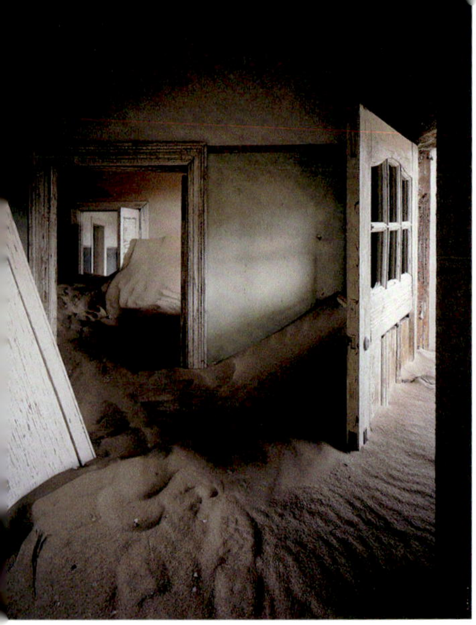
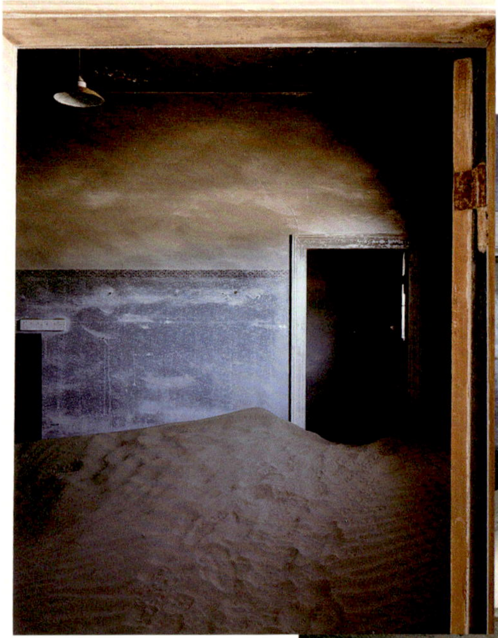
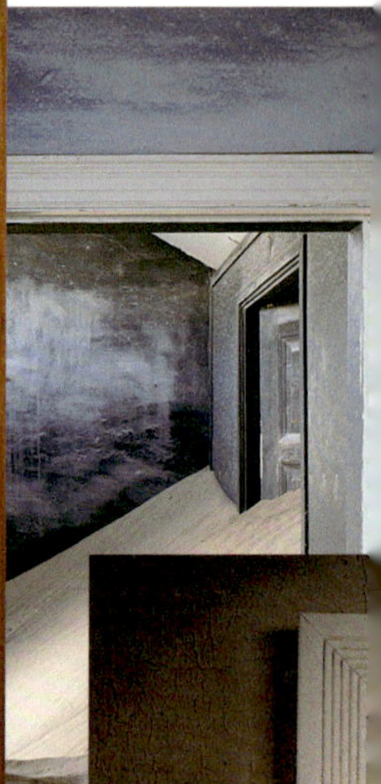
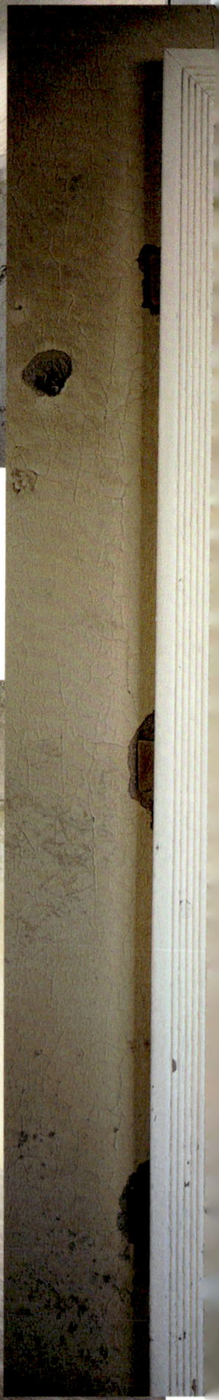
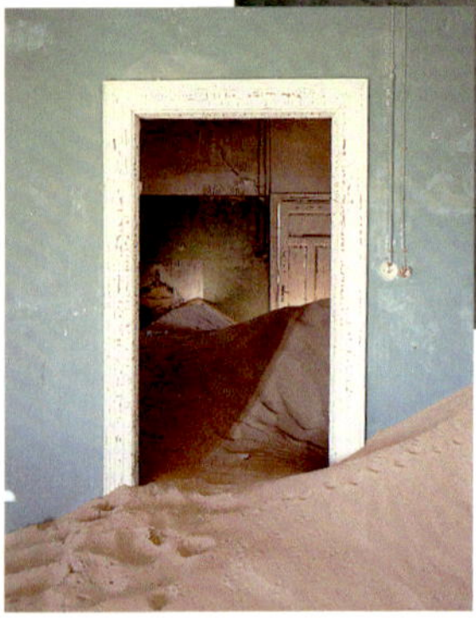
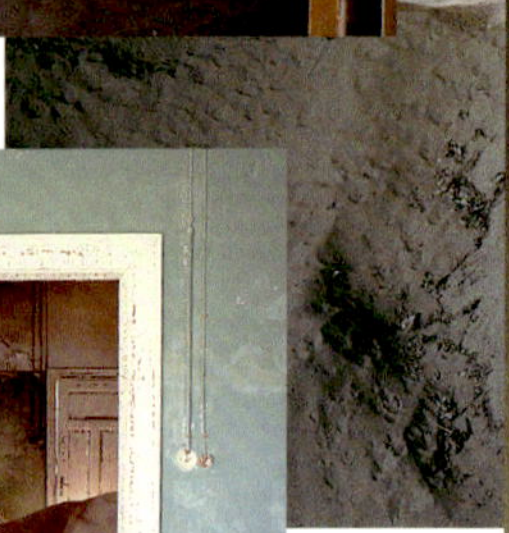
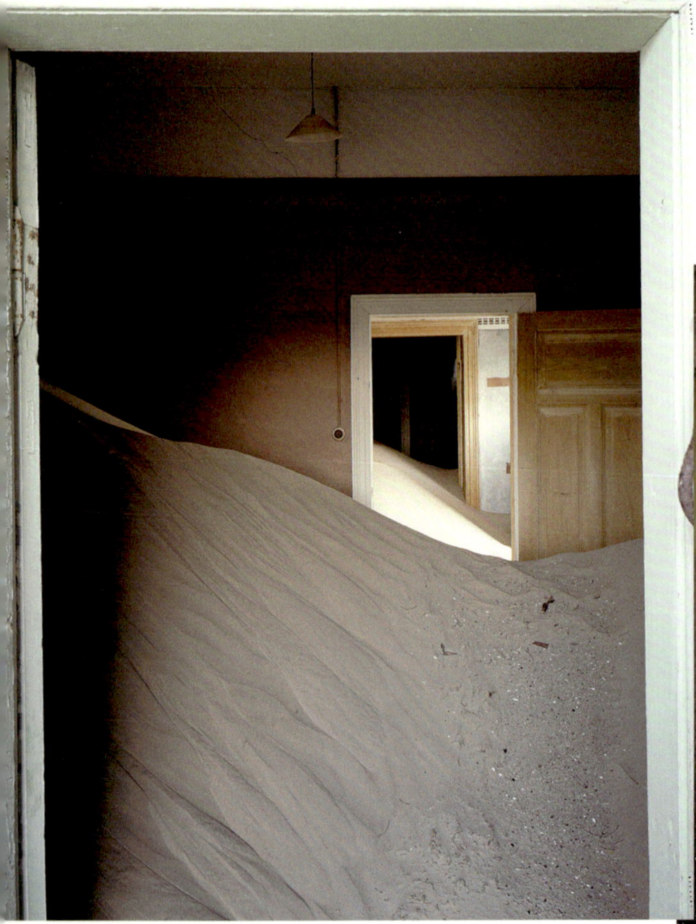
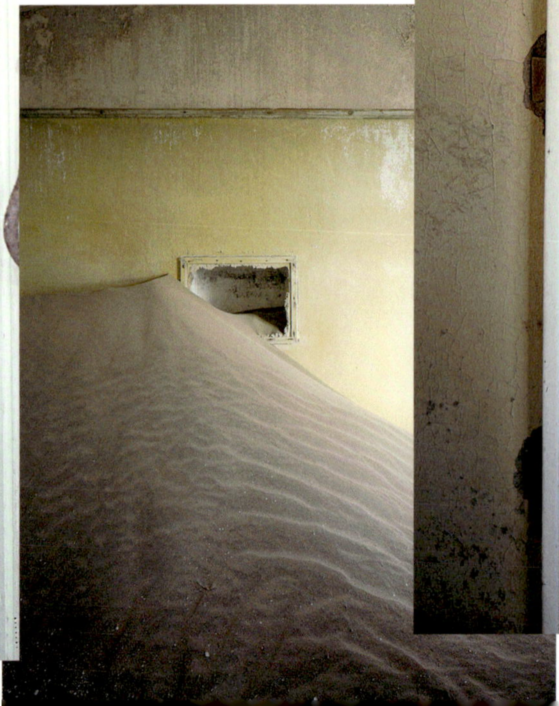

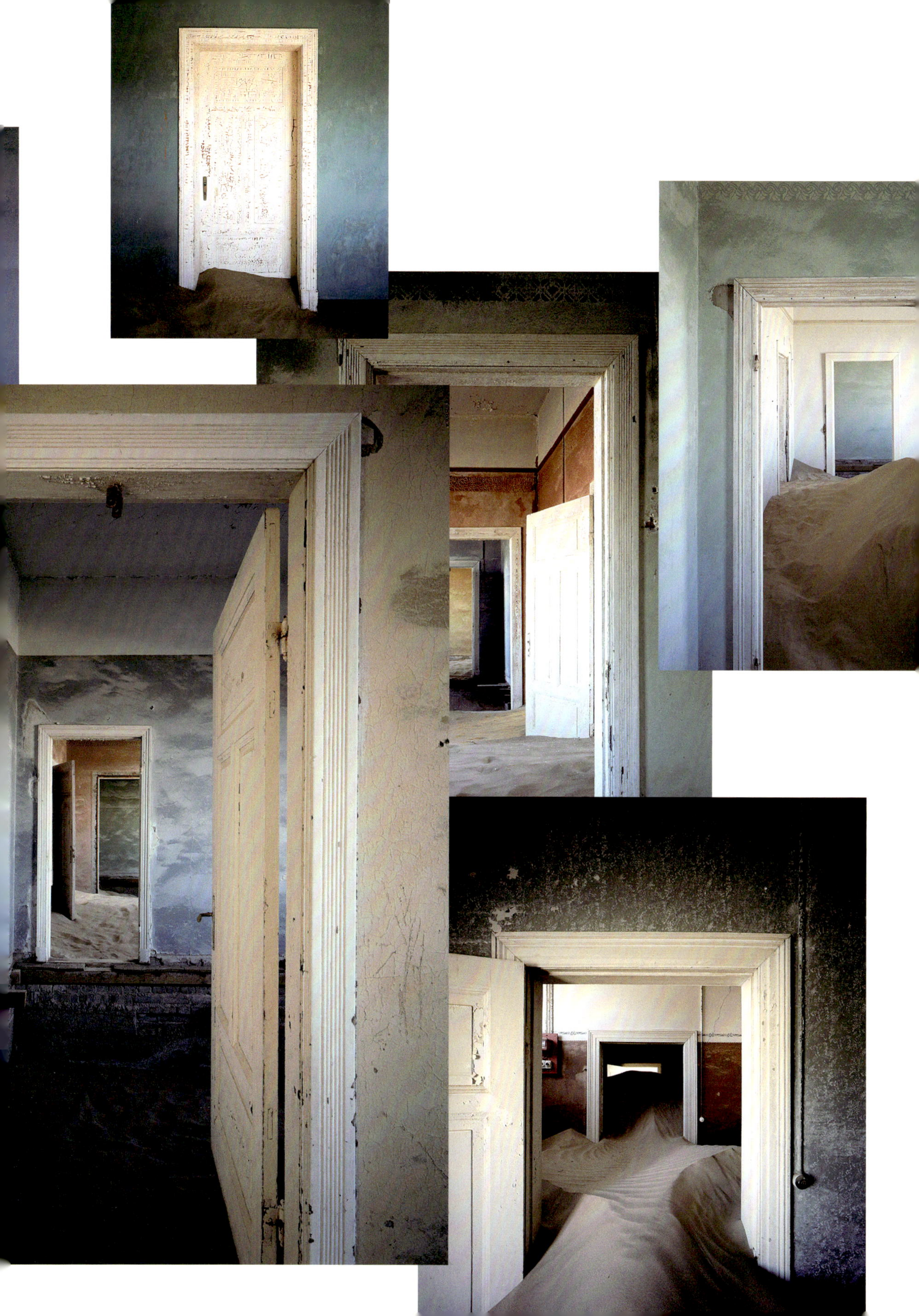

ションを五感と言葉で静かに考えるアートだが、一つひとつのしつらえ、掛け軸の絵や茶器、部屋の内装などはあえて未完成で無地を残してある。茶にも砂糖など入れない。解説の言葉も語りすぎない。アートの主役も庭から建物、絵、花、陶器、菓子、茶とどんどん移り変わってゆく。セレクトした個々の要素から境界を取り払い、相互にリンクさせながら、時間の軌跡を楽しむ体験型のアートなのだ。時間とともに色や形が変化するナミビアの砂も、日本画の余白のように床と壁の境界を隠す。中間色の砂が、あちこちに微妙な傾斜をつくって距離感をわかり難くする。ピントグラスに転倒して映る室内は、騙し絵のように遠近感が壊れてゆく――087。そんなエッシャーの絵のような騙し絵の中に入って行こうと、カメラを操作する。暗在系への入り口を探して――102、画面全体の遠近感が一番フラットになるところまでレンズを傾けた。

　　　南半球では太陽が北側にそれて回っていくので、北半球の住民から見ると鏡のなかにいるような気がする。砂漠の強い太陽。砂に反射した光が映し出すカラフルな色彩は美しく、色が剝げた壁が海や空のように見える部屋もある。そう見えるのは、外の砂漠より室内のほうが、見慣れた自然の風景に近いからかもしれない。扉の奥へ進むほど、心の内面にある風景に近づく――098。開口部の向こうにまた開口部があり、入れ子構造になった部屋は複数の世界を突き抜けて行くように見える。舞台装置のような、場所の特定が難しい空虚な部屋たちは、侵入してきたアフリカの砂によっ

Watching the trajectory that the new owner of the houses traces as it moves grain by grain in the African wind and sun, we inevitably sense the value of something that does not form shapes like sand. However, when you turn your eyes to the inside walls, the reality of electrical distribution boards, switches, light fixtures, stoves, sinks, doors with peeling paint, and other traces of life come into sharp focus. In the end, you wonder whether it is the sand or the room that is real.

　　　Returning to Tokyo, we took the "Internal Sand Dunes" photos, changed their sizes, and arranged them randomly to find that in several cases, it looked as if material from the world beyond was being propelled toward us through several doors――094-095. We used our computer to adjust the sizes of the photos randomly and set them so

てつなげられている。砂は地球の原初からこの場所にあるリアルな存在なのだ——090-091。アフリカの風や光の中で、主役が刻々と移り変わる軌跡を見つめていると、砂のような形を成さない、暗在系と明在系を媒介するものの存在価値を感じざるを得ない。しかし室内の壁に目を向けると、電気の分電盤やスイッチ、照明器具、ストーブ、シンク、ペイントが剝がれかけた扉など、生活の痕跡がリアルにくっきりと見えてくる。はたして砂がリアルなのか、部屋がリアルなのか。

　東京に帰って「室内の砂丘」の写真を、サイズを変えてランダムに置いてみると、いくつもの開いた扉から向こうの世界がこちらに吐き出されている——094-095。そしてパソコンの中で、写真サイズを大小ランダムに変化させ、上下に動くように設定した。黒いディスプレイの中にたくさんの開口部が現れ、消えてゆく。あちこちに、暗在系の入り口が現れては隠れる。移ろいゆく静かな世界を無が流れている。

　私たちは、カラフルな色に染まった「東京の家」をグレーに塗りたくなった——099。レイヤーが集積したときに現れる極限の色、すべてが包み込まれた状態の色だ。ピンクだった部屋の壁をグレーに塗りつぶし、床一面に貼ってあったオレンジ色のテラコッタ・タイルも建物の窓のラインに合わせてグレーに塗っていった。グレーに塗られた室内は遠近感があいまいになり、静かにたたみこまれた目に見えない世界の存在を教えてくれる。今まで家の印象を一方向に導いていた、中国で集めた文

that they seemed to be moving vertically. Several openings appeared and disappeared inside the black display. Here and there, an entrance to the implicate appeared and was hidden. The shifting scenes made us feel as if a quiet world was flowing into nothingness. They made us want to repaint our colorful Tokyo Eclectic House gray——099. It is an extreme color that results from a layering of all the other colors and includes all of them. We covered over the pink walls of our rooms with gray, and we took the orange terracotta tiles that were glued to our floor and painted them gray to match the lines of the windows. In rooms with gray walls, perspective becomes indistinct and teaches us about the existence of a quietly embedded invisible world. We took the elements that had formerly led the overall impression of our house in one direction—ceramic dolls from the

098 | 扉の奥へ進むほど、心の内面にある風景に近づく
As we pass through the doorway toward the interior, we approach the landscapes inside our hearts.
住宅, ナミビア　House, Namibia
2004　8×10 inch film

099 |「東京の家」をグレーに塗りたくなった
They made us want to repaint our colorful Tokyo Eclectic House gray.
「東京の家」 Tokyo Eclectic House
2012　digital

ナミビア　　　Namibia

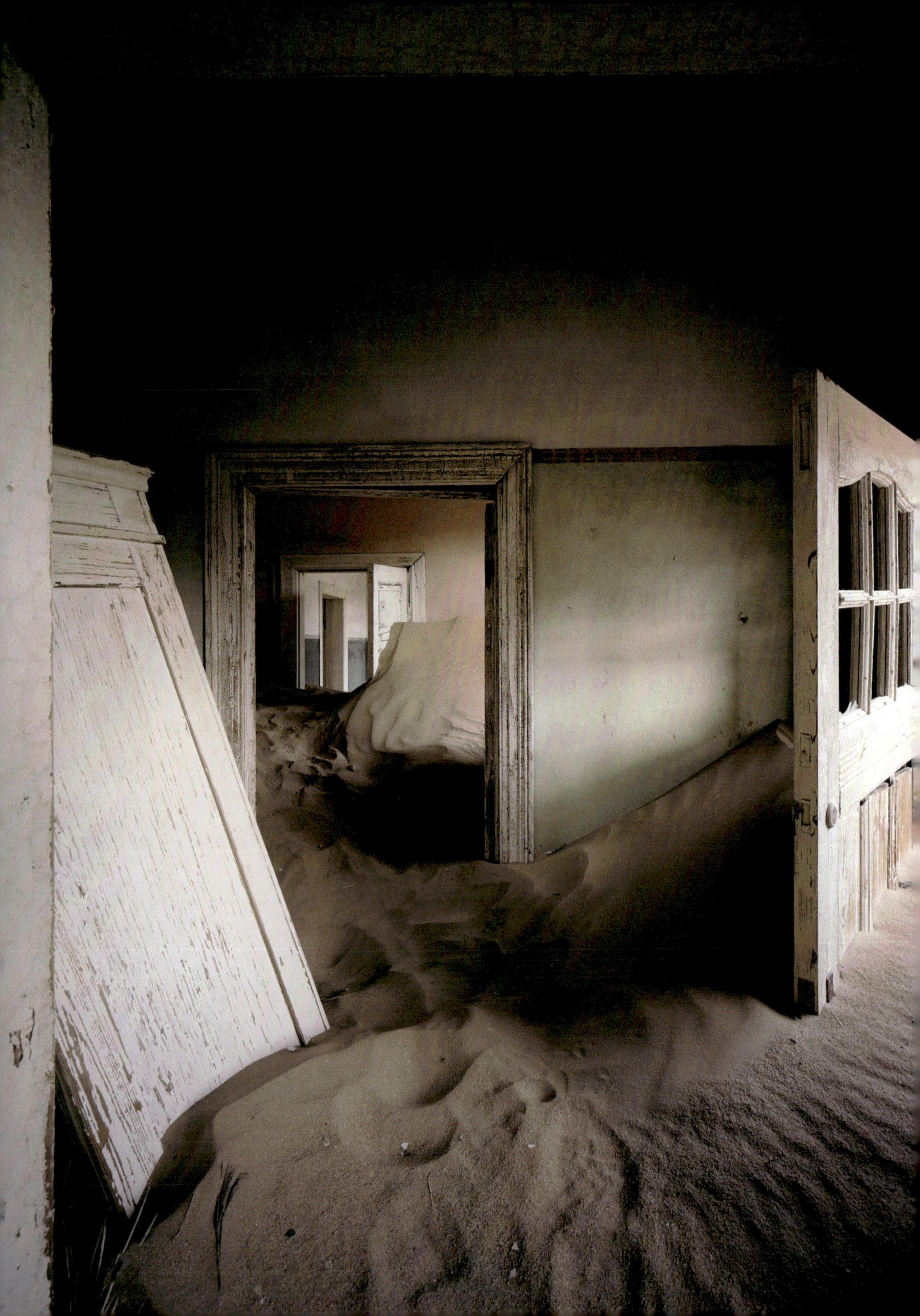

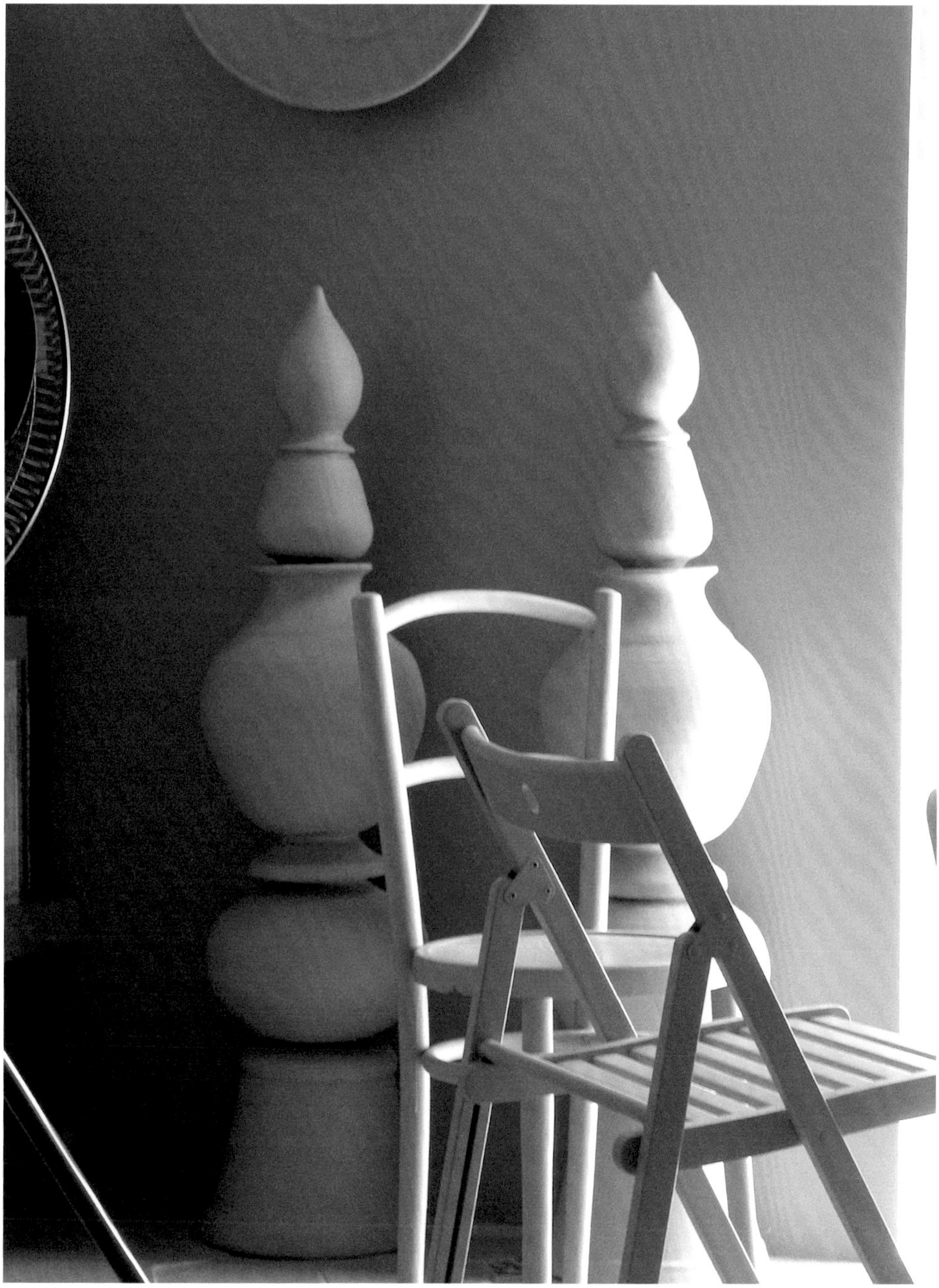

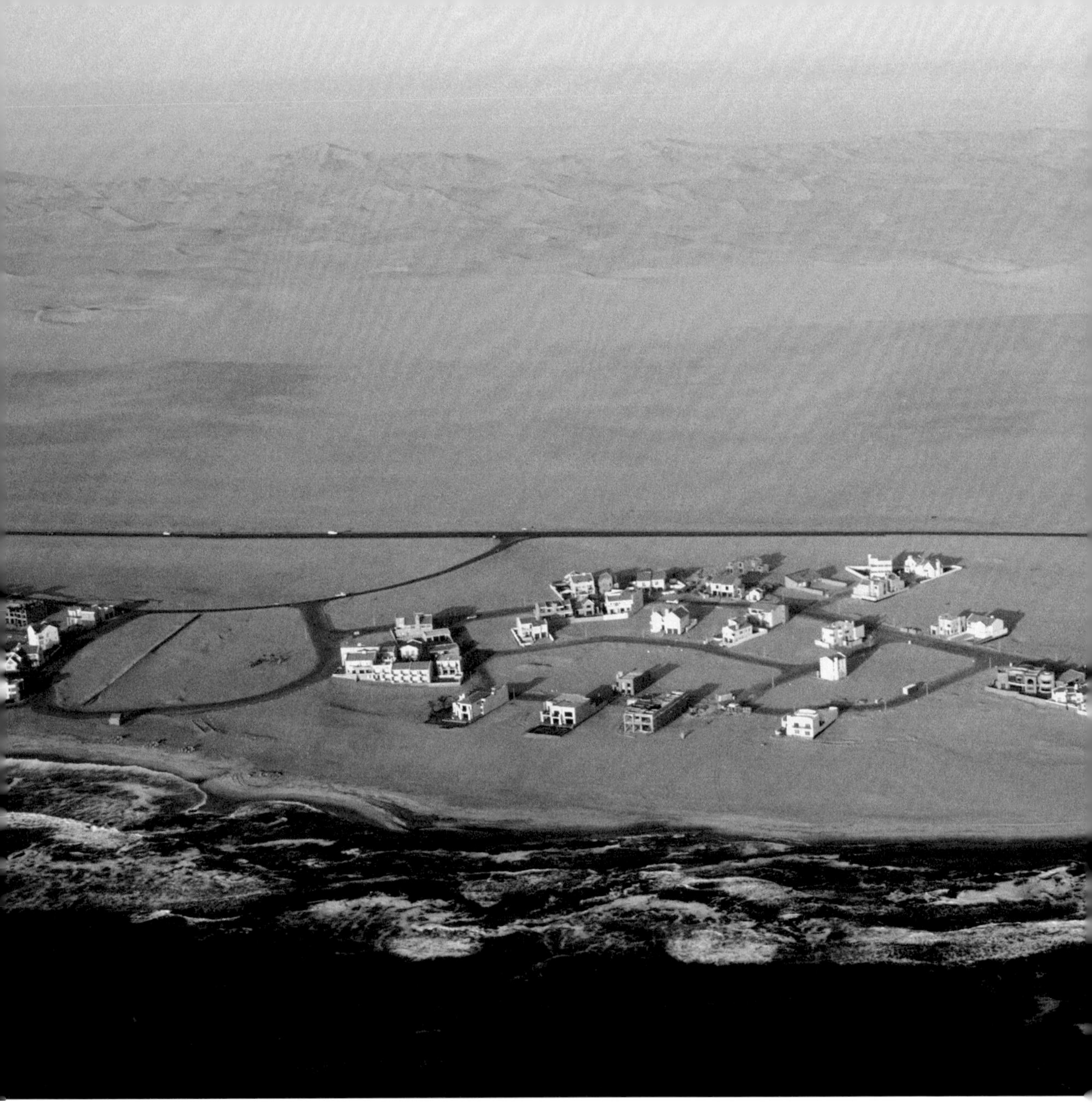

102 | 暗在系への入り口を探して
　　　We seek the entrance to the world of the implicate.
　　　「東京の家」 Tokyo Eclectic House
　　　2009　digital

103 | グレーのほうが東京のリアルになる
　　　Gray would be the reality of Tokyo.
　　　「東京の家」 Tokyo Eclectic House
　　　2013　8×10 inch film

ナミビア　　　　Namibia

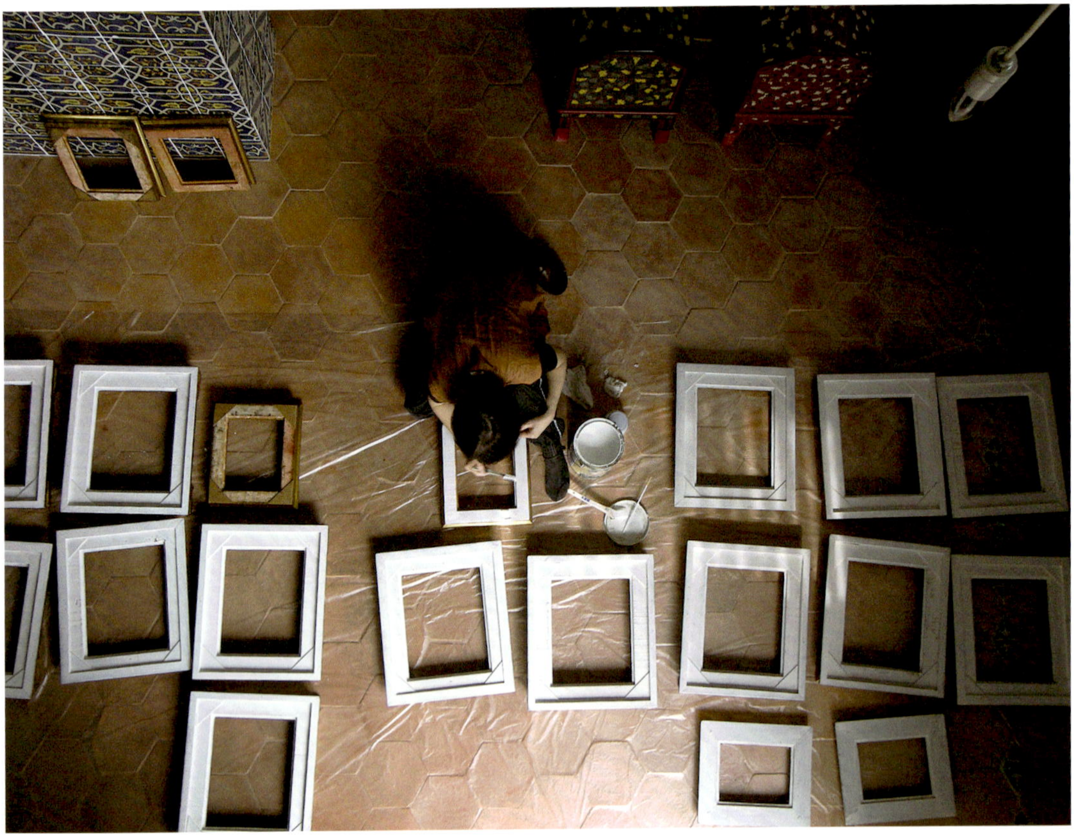

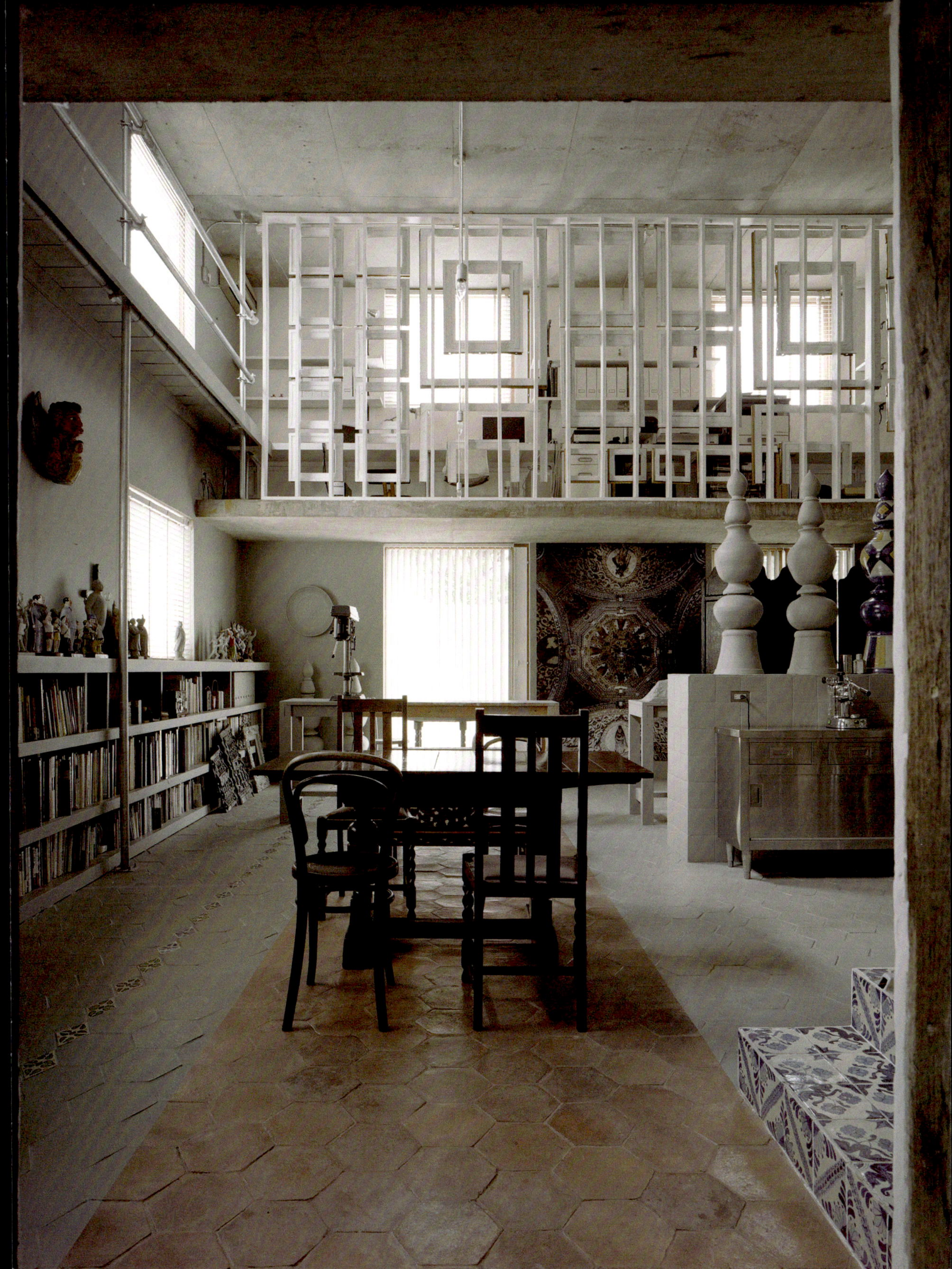

化大革命の磁器人形やゴルキー・ゴンサレスさんのタイル、仏塔のような陶器の塔にもグレーを塗った。グレーに塗った比率はそれぞれの部位で50％くらい、部屋の半分近くがグレーになった。すると、全てのものが包み込まれた暗在系の世界がさらに拡張され、その中から生命感という相が浮彫りになり際立つ。

　　ついこの間まで、私たちにとってカラフルな世界がリアルな世界だった。しかし、私たちが東京の大地とは無関係に、生命感に満ちたカラフルな部屋で生活しているとしたら、グレーのほうが東京のリアルになる——103。2011年3月、このグレーのリアルは不気味な形で東京に侵入してきた。巨大地震の影響は、我が家ではグレーに塗った球体の石がゴロゴロと動いただけで、一見何事も無いように思えた。しかし、津波が発生すると海岸の街が泥に飲み込まれ、ナミビアで見た風景が再現される。そして原子力発電所が爆発すると、放射性物質が東京へも次々と飛来するようになる。メキシコの先住民が言っていた、山を掘り返すことをした結果だ。300年前の銀、100年前のダイヤモンド、そして現代のウラニウム、桁違いの富と利権を求める人間の行動はいつの時代も変わらない。幸い原子力発電所の爆発はおさまったが、4号機の倒壊や第二発電所の暴走などが連鎖したら東京も棄てられた街になっただろう。国連軍に封鎖された東京に、防護服を着ながら探し物を取りに行く自分達の姿を想像した。今でも発電所周辺の街は、ダイヤモンドの立ち入り禁止エリアのように帰宅困難区域に

Cultural Revolution era collected in China, Gorky Gonzalez's tiles, and the stupa-like ceramic towers—and painted them gray. When about half of a room becomes gray, the implicate world that all things are enveloped in is extended, and emerging from that, the facet that stands out in sharp relief is a feeling of vitality.

　　Until that time period, the colorful world seemed to us to be the real world. However, even if we were to live in colorful rooms with a feeling of vitality, unconnected with the land under Tokyo, gray would be the reality of Tokyo——103. In March 2011, this gray reality invaded Tokyo in an uncanny form. During the massive earthquake our house rocked slowly, like a ship on the sea, while the gray-painted spherical rocks merely rolled around, so at first glance, the effects on Tokyo appeared to be nothing major.

指定され、自分の家に帰ることはできない。

　　　　我が家に塗られたグレーは津波と放射性物質という死の世界を想起させ、しばらく不愉快な存在となった。リアルとフィクションが常に流転する装置——106-107 をつくってしまったからだ。もう一つの世界、暗在系の視覚化が津波や放射能の暗喩に転じたのだ。グレーは全てを包摂している。巨大な自然災害だけでなく、原発事故という巨大な人災の記憶も家のレイヤーに重ねることになった。

However, when the tsunami struck, coastal towns were swallowed up in mud, recreating the landscape that we saw in Namibia. Then when the nuclear power plant exploded, radioactive substances came floating through the air toward Tokyo. For a while, the color gray called to mind the world of death, the world of tsunami and radioactive substances, so it became an unpleasant presence. That is because we had constructed a system in which reality and fiction flow back and forth——106-107. Another world, or, in other words, the visualization of the implicate order had become metaphors for the tsunami and the radiation. Gray subsumes everything. Memories—not only memories of natural disasters but also of major human disasters like the accident at the nuclear power plant—have formed layers of the house.

106——107 ｜ リアルとフィクションが常に流転する装置
A system in which reality and fiction flow back and forth
「東京の家」　Tokyo Eclectic House
2013　digital

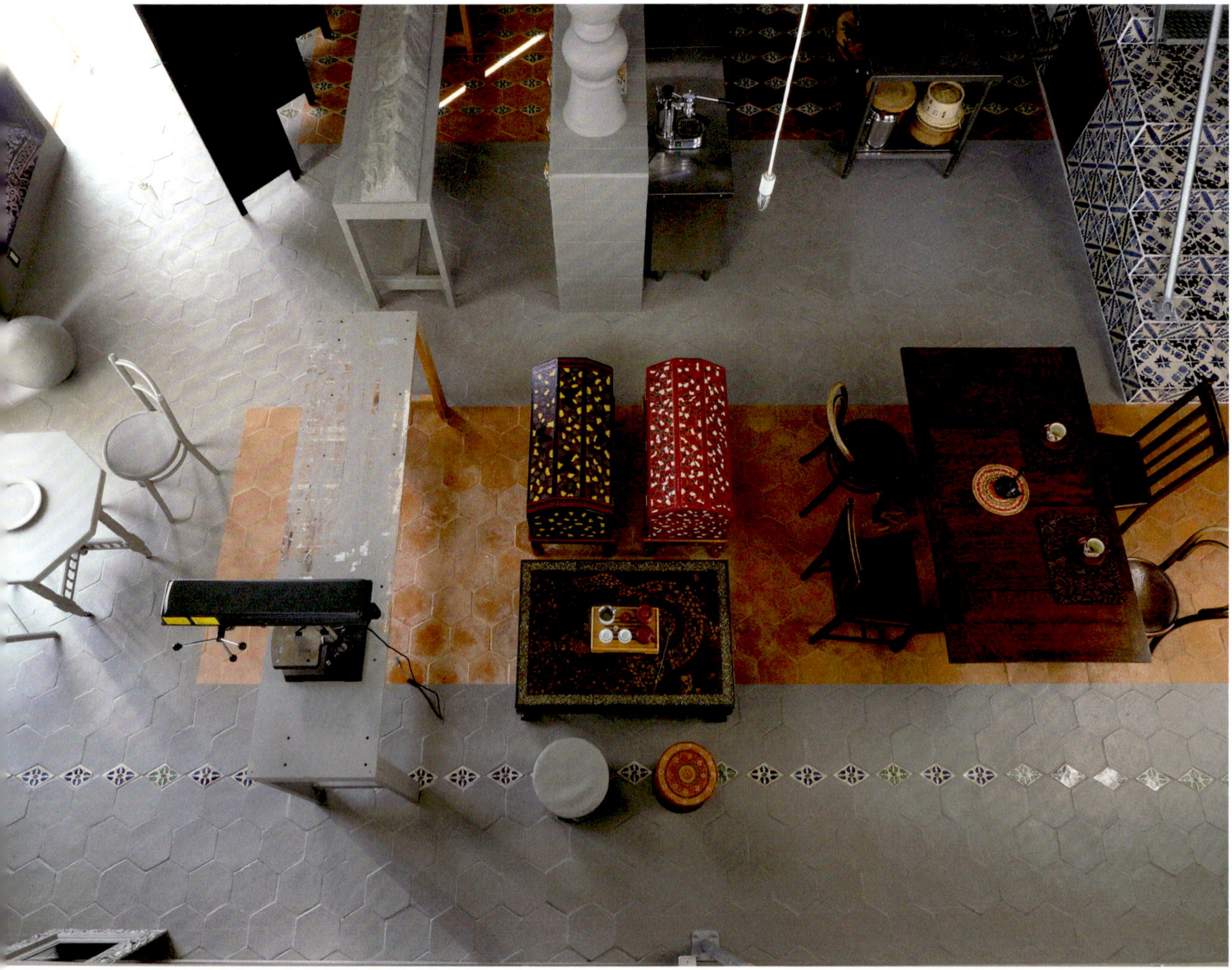

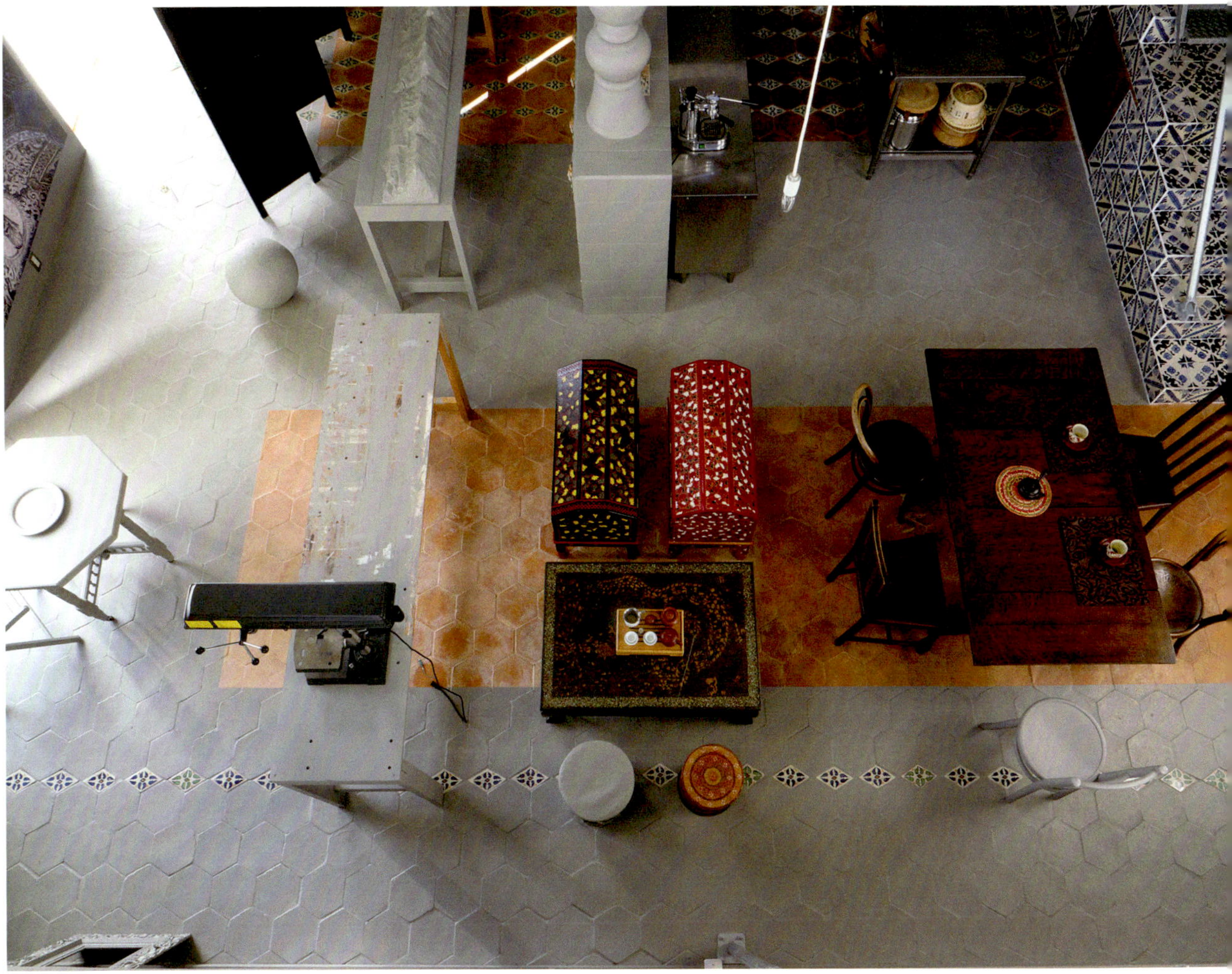

中国——ディスレクシアの世界を鉄道模型で再現する

China: The World of Dyslexia Recreated in a Model Railroad

まだ都心のマンションに暮らしていた25年前、天井裏のわずか50cmの隙間に鉄道模型の街をつくった。それを撮影したビデオが私たちの最初の作品だ。東京の街を特徴付けている大げさなインフラをテーマにした模型は、一見ドイツの工業都市のようでありながら、唐突に日本の寺院が建っていた。欧米由来のものはそのオリジナルに、日本古来のものは本来の姿に戻そうと考えたからだ。現代の東京を構成するほとんどの構造物、建物や鉄道、道路、送電線など、オリジナルはすべて欧米から輸入したものばかりだ。私たちはその輸入された近代で育ち、その中で暮らしてきた。しかし、親の世代が生まれた1930年代は伝統の力がまだ強く残っていて、生活様式が伝統と近代に分裂していた。アメリカ的なモダン生活にあこがれつつも、和服を着て、畳の上で寝食するような暮らしがあった。洋室に暖炉があるのに、和室で火鉢にあたっているような生活。目白にあった優の祖母の家もこのようなスタイルで、表側は来客のための

The *shoji* screens that we use in the closets in our house are ones that we brought from Yu's grandmother's house——063. Her house in Tokyo had a Western-style parlor with bay windows for receiving guests in the front part, but the living quarters adjacent to it were traditional Japanese-style rooms with *shoji*. Foreigners probably find it difficult to distinguish Japanese *shoji* from Chinese *shoji*, but that is because tracing the history of Japanese architecture reveals that many of its elements originated in China. Up to the present day, Tokyo has been an architecturally unique place where traditional and modern, Chinese, and Western maintain an odd coexistence.

    We went off to China, as well as traveling through Japan, in search of eccentric landscapes that emerged in the early stages of East Asia's modernization, cityscapes that

応接間で、洋室に出窓がはまっていたが、奥に続く生活の場は伝統的な和室に障子が並んでいた。現在、我が家で使っているクローゼットの障子は、祖母の家から持ってきたものだ——063。外国人には、この障子が日本のものか中国のものか判別するのは難しいだろう。日本の伝統建築をたどると、多くの要素が中国由来だからだ。

このような分裂型の都市デザインの典型が、近代まで、東京の商店街を覆っていた看板建築と言われるものだ。1923年の関東大震災から復興する際に、伝統的な商店建築に銅板やモルタルで作られた洋風のファサードを看板のように貼り付けた。庶民が憧れるモダンな西洋が巧みにパッチワークしてあり、本体の日本家屋は洋風の顔で隠されている。一見、レンガかコンクリートで出来たモダン建築に見えるが、裏に回れば木造屋根が見え、商店の中に入れば天井は低く、造作のすべては小さく、奥に畳の座敷が見えていた。私たちが子供の頃の東京は、まだそんな看板建築の商店街があちらこちらに残っていて、近代がやっと庶民に届き始めた時代の熱気を窺い知ることができた。東京はついこのあいだまで、伝統と近代、中国由来と欧米由来が奇妙に併存する建築特異地点だったのだ。

東アジアの近代化初期に出現した奇妙な風景、中国と西洋の境界のような都市景観を探して、国内だけでなく中国にも出かけた。その中で一番独創的だったのは、開平と台山を中心とする広東の穀倉地帯にある農家と商店街だった。清朝末期の19世

seemed like boundaries between China and the West. The most creative examples were peasant houses and shopping streets in the rice-growing areas of Guangdong Province around Kaiping and Taishan. These were built by local carpenters based on the drawings, picture postcards, and photographs sent by overseas Chinese engaged in the building trades abroad. It was a Chinese tradition to leave one's hometown, become successful elsewhere, and return to "decorate one's hometown with brocade." Images of American cities, which in those days gave off the most overwhelming impression of affluence, were reproduced in the architecture of Guangdong's cities and villages, as if the builders were competing with one another. In the period of confusion after the overthrow of the Qing Dynasty, peasant houses were equipped with fortifications to resist gangs of

110——111 | 盗賊団に対抗して建てられた要塞型の農家
Peasant houses were equipped with fortifications
to resist gangs of bandits.
碉楼, 中国　Diaolou, China
2007/2008　4×5 inch film

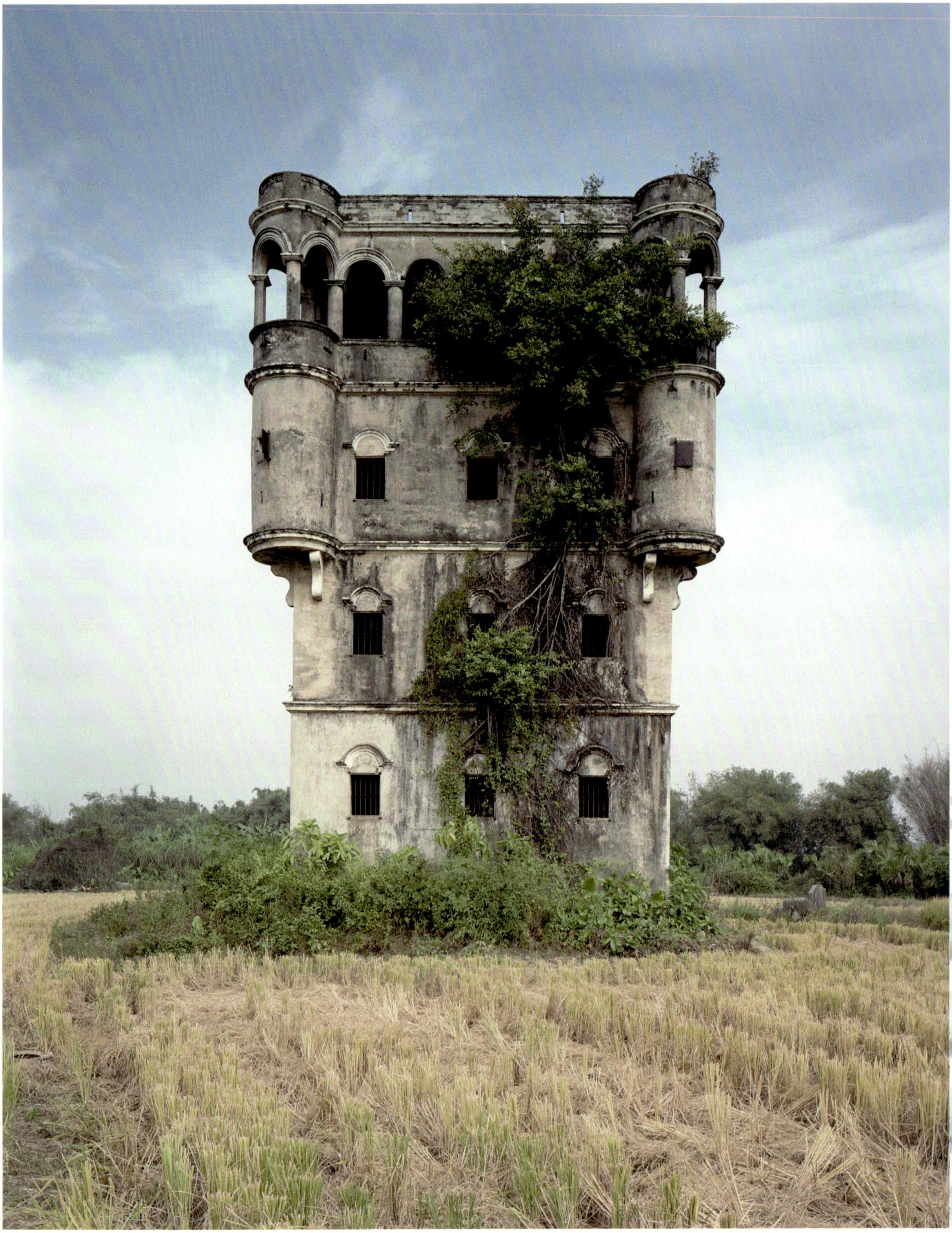

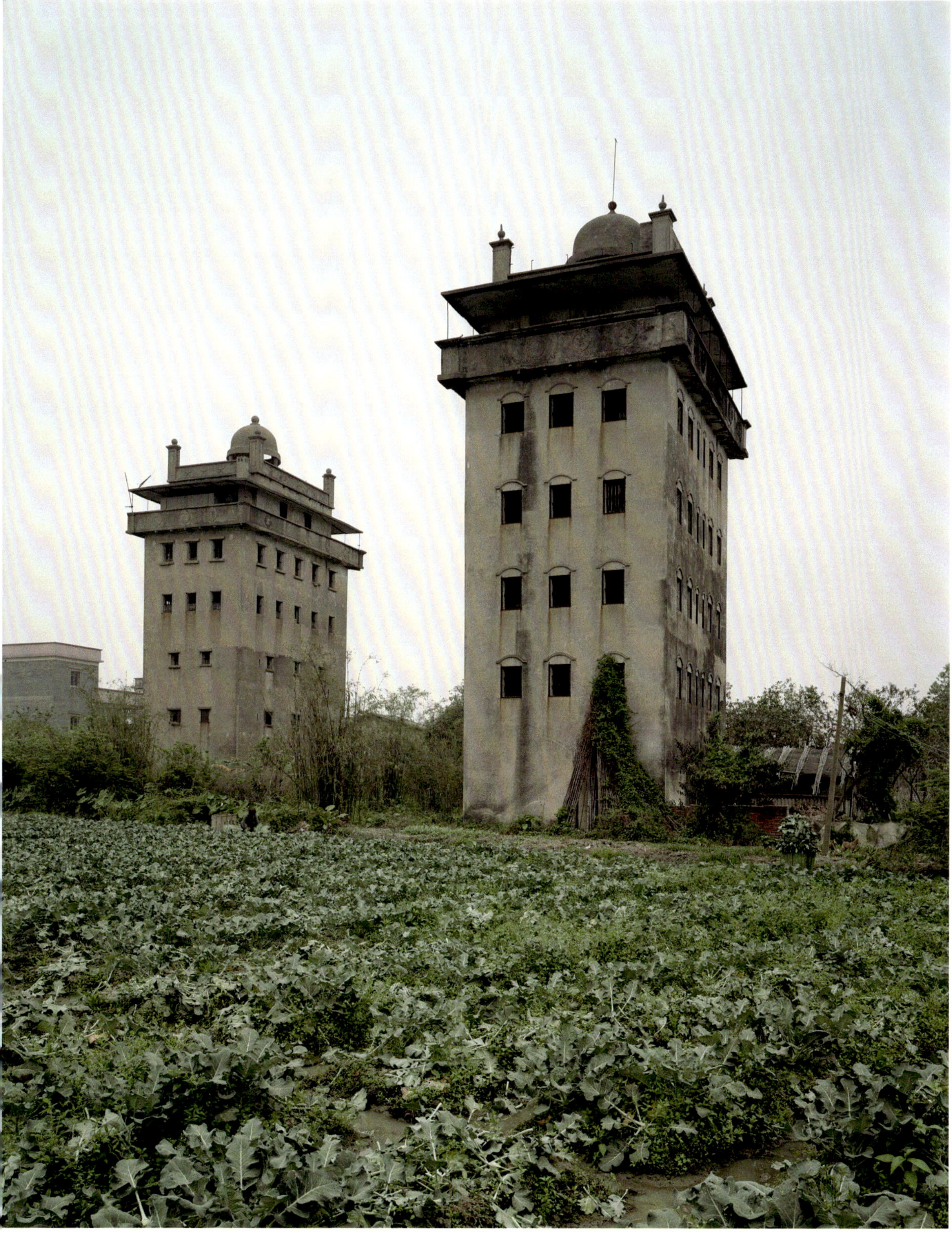

紀後半、中国の広州の南に広がるデルタ地帯では、土客械闘と呼ばれる客家人と本地人の対立が激化し治安が悪化していた。特に開平の隣、台山での戦闘の死者と難民は百万人にのぼったとされる。また、開平一帯は海抜が低いところに河川が集中しているので、台風が来る度に大洪水が起きていた。水害と人口増加による貧困が追い打ちをかけ、アメリカやカナダ、オーストラリアで金鉱が発見されると、一攫千金を夢見た貧しい農民たちはこぞって移住した。現在の開平の人口68万人に対して、香港マカオ以外の海外に住む開平出身の華僑は49万人といわれる。とりわけアメリカは対メキシコ戦争で領土を増やし西部開拓が本格化してきた時期と、奴隷制度が廃止されていく時期が重なり、大陸横断鉄道の建設などで中国人が大量に雇われた。華僑たちは厳しい苦力(クーリー)労働で稼いだ金を自分たちの故郷に送金する。やがて金山箱を抱えた華僑も次々と帰国して、派手な洋風建築を建てて行く。これらは、海外で建設業などに従事した華僑が送った図面や、写真や絵葉書をもとに地元の大工によってつくられた。基本構造はアメリカ式の鉄筋コンクリート造で、赤毛泥といわれたセメントや鉄筋、石材などは香港経由で輸入されていた。故郷を出て成功した者が「故郷に錦を飾る」ことは中国の伝統だ。当時圧倒的な豊かさを見せつけたアメリカの都市イメージが、広東の街や村で競うように再構築されていったのだ。

広東の洋風建築物には大きく分けると、高層農家の「碉楼(ディアオロウ)」と商店街の「騎(キ)

bandits——110-111, including shooting platforms that stuck out from the four corners. These shooting platforms, complete with gun sights, made the house look larger and more intimidating than it really was. This landscape of skyscraper-like additions looming over ordinary low-rise Chinese peasant houses is still a feature of rural Guangdong villages. Among the styles that can be seen in the high-rise architecture that towers over the rice paddies and bamboo groves are Romanesque and Renaissance, mixed with Byzantine, Indian, and Moorish domes, Islamic-style minarets, and roofs covered with lapis lazuli Chinese tiles. The design techniques for the caps that are set in place at the very tops of the buildings are imitations of American skyscrapers, especially the Empire State Building and the Chrysler Building.

楼」がある。碉楼は水害対策を兼ねて、盗賊団に対抗して建てられた要塞型の農家──IIO-III だ。清朝滅亡と辛亥革命の混乱の中、100人の配下を率いた大盗賊団まで現れるようになった。狙われたのは金山箱を背負って帰国した裕福な華僑や海外から送金を受けた親族たちで、学校を狙った人質事件も多発した。暗くなると「纏足」の妻を背負い、金銀を抱えて林の中に身を隠したという話もある。農家は防衛のために高層化し、鉄筋コンクリート9階建ても出来た。低中層階は複数の妻の世帯など、家族単位で一族が暮らし、各フロアのプランは中央に広間、両サイドに寝室、後部にキッチン、トイレ、階段といった感じで積み上がっている。こうした同じ平面プランが繰り返される基準階という考え方は、当時出稼ぎ先のシカゴやニューヨークで作られていた超高層ビルで採用されていた最新の設計技術だった。最上階には先祖を祀る廟を中心とした広々としたバルコニーがあり、普段は休息の場であるが、有事のために四隅に突出した射撃台を備えていた。この銃眼付きの射撃台は全体を大きく見せ威圧感を高めている。低層の中国式民家の上にそびえ立つ摩天楼的な景観は、現在も広東の農村を特徴づけているが、湿地帯に重い高層建築を建てるのは技術的に未熟だったのか、ピサの斜塔のように傾いているものも散見される。田んぼや竹林にいきなりそびえたつ異様な高層建築は、ロマネスクやルネサンス様式に混じって、ビザンチンやインド・ムーア様式のドーム、そして中国の瑠璃瓦で葺かれた尖塔も見られ、ピクチャレスク

Then shopping areas that looked like movie sound stages began to appear in quick succession along the streets. The façades displayed a casual formality and were as flat and smooth as masks. You can guess at the life that went on inside of these buildings from the signs written in Chinese characters and the remnants of laundry or fireworks for the Qingming Festival. Yet from where do we get the feeling that these streetscapes were hollowed out models lacking in any sense of reality? It stems from the great migration of the overseas Chinese, about 100 years ago. The strong competitive spirit of the Chinese people and their yearning for a civilized lifestyle transformed the villages and cities in the blink of an eye. The modernism adopted only as a surface layer wrapped and concealed the traditional lifestyles in a Western façade in no time at all. It may be that the strong

II4──II5 | 共産主義時代、商業が存在しない社会で
商店街は無用になり
Then, during the Communist era, when there was no private business activity, the shopping areas lost their purpose.
骑楼, 中国　Qilou, China
2010　4×5 inch film

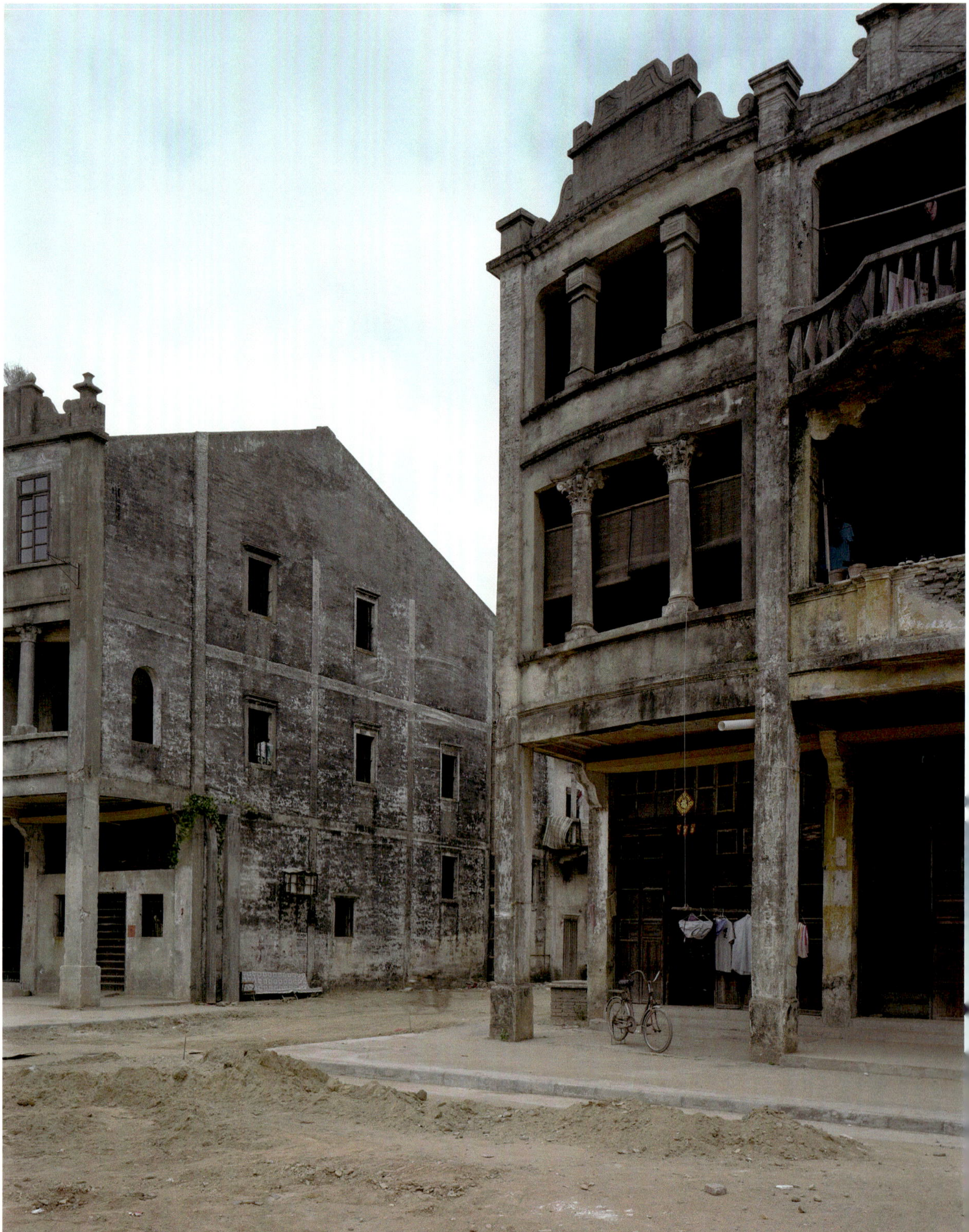

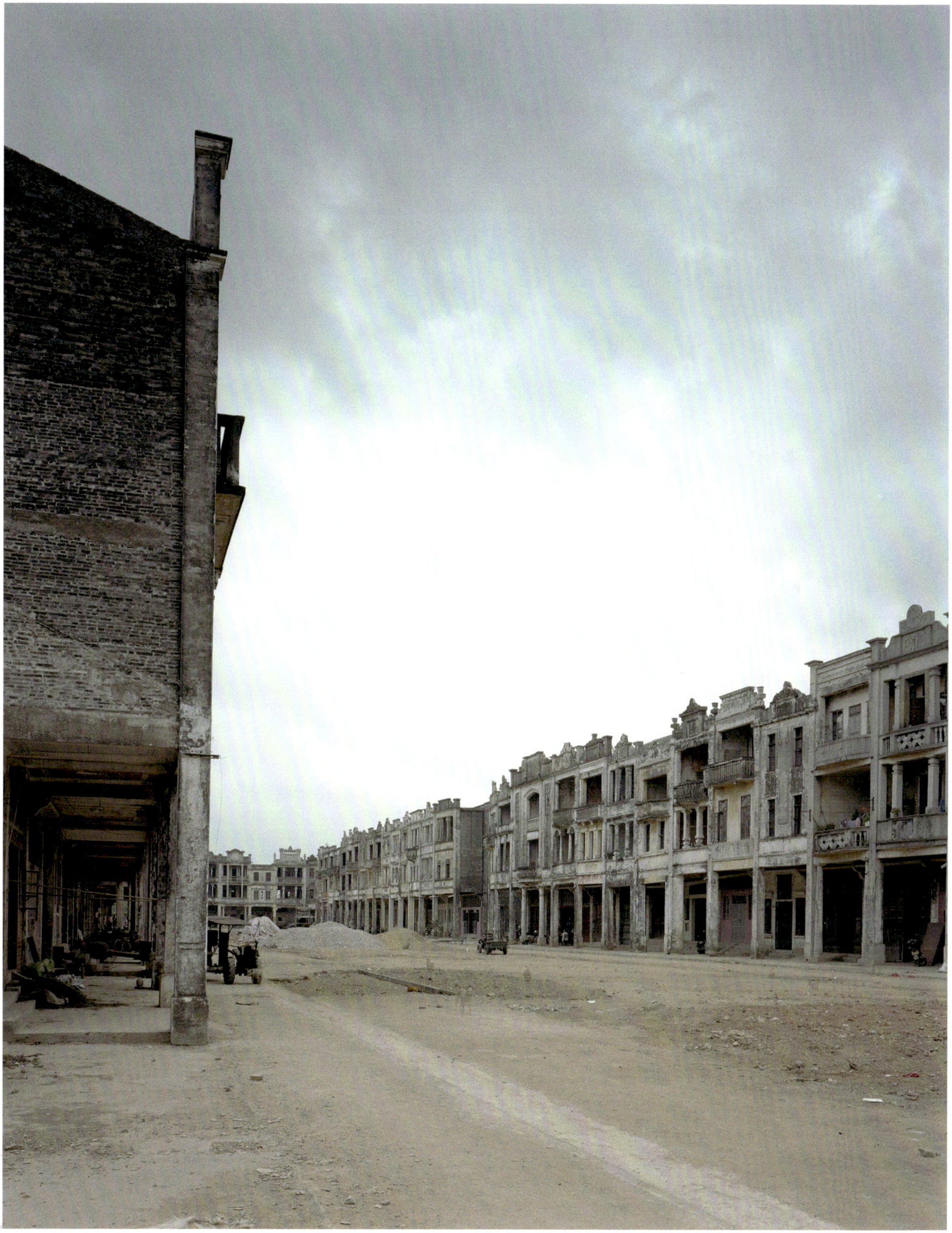

的な景観を呈している。このように建物の頂部に凝ったキャップをかぶせるデザイン手法も、エンパイアステートビルやクライスラービルを始めとするアメリカの超高層ビルの模倣だ。

　　　　一方、商店街の騎楼は20世紀の初頭に流行し、かつて広州をはじめとする華南の街はすべてこの騎楼で埋め尽くされていたと聞く。中国の伝統的な雁木式のアーケードと、古代ギリシャから始まる西洋の回廊コリドールが結合したスタイルで、2階部分が張り出して1階通路の上にまたがり、夏の強い日差しや雨を避けた。今でも、かつての開平の中心地だった赤坎(チーカン)や台山の梅家大院(メイジャーダーユアン)には、背の高い豪華な騎楼が立ち並び往年の都市景観を彷彿とさせる。これも帰国した華僑と碉楼建設で富を成した商店主が、アメリカのような街並を作ろうと香港から建材を船で運び築いたものだ。もしこの洋風ファサードが貼り付いていなければ、上海の郊外に残されている、江南古鎮(こうなんこちん)のような伝統的な中国の街と同じような景観になっていただろう。

　　　　これら洋楼の手本となった西洋建築がシカゴやニューヨーク、サンフランシスコに作られていた時代は、鉄筋コンクリートや鉄骨、そしてエレベーターといった近代技術が台頭してきた時代だ。まだそうした新しい技術にどのようなデザインを施したら良いのか回答は出ていなかった。建築の機能や構造をそのまま隠さず見せるというモダニズムのスタイルに収斂していく時代の手前では、欧米の建築家も未来の

emphasis that the Chinese place on "face" led them to present an outer appearance that connoted success and therefore modernity, no matter what the interiors of their houses looked like. Then, during the Communist era, when there was no private business activity, the shopping areas lost their purpose——and plans to make them look more modern were suspended. The overseas Chinese who had sent funds for construction no longer returned to their hometowns, and there were many derelict houses, abandoned by residents who had moved overseas. The masked streets hollowed out, and the façades became symbols entirely devoid of meaning.

　　　　We took Ichiro's elderly mother along on these shoots in China each time, because she was exhausted from taking care of Ichiro's late father, who had suffered from

建築の姿が予見出来ず、過去の歴史に登場したさまざまな様式を使用したり、アールデコのように古今東西の様式を商業的にアレンジして模索している。華僑たちは、移住先のイメージからパッチワークのような建築デザインを選択して、図面や写真を本国に送った。デザインの混乱期においては建築家と素人の違いはあまり大きくないから、ある意味では、中国の片田舎の大工が試行錯誤でつくった建築が世界的な視野で見ても遜色のない出来だったともいえる。

　　しかしその一方で、デザイン的な混乱を乗り越えて、モダニズムのような新しい時代の形を模索しようとした形跡は感じられない。たとえ欧米に憧れを持ったとしても、西洋文明の美味しいところだけをいただいてしまうという、この地に長く暮らしてきた農民のしたたかで現実的な気風のせいだろう。中国のような大陸的な農耕社会では、儒教思想、祖先崇拝といった日常の暮らしに直結した信仰が強固で、キリスト教から発せられるような抽象的な概念を受け入れる余地はない。人間を超越した「神の法」から導き出される理論よりも、偉人の判断のほうが優れていると考えるからだ。現在の中国の都市でも、ギンギラギンに装飾された洋風マンションを数多く見かける。農村地帯には大げさな螺旋階段を備えたミニ宮殿がずらりと並んでいる。地方都市に次々と建てられている投資用のゴーストタウンもこのようなデザインになっている。これらの原型は20世紀の前期に建てられた洋楼だ。中国の洋楼は、欧米に憧れ

dementia, and she herself was frail enough to have been approved for nursing care. The scenes in China reminded Ichiro's mother of the Japanese landscapes that came to mind during her stories of the old days. These Chinese towns reached back to something in her memory, and it seemed to us that she regained some of her vitality. As we set up the camera, she would sit under the walkway, humming old songs by the Chinese-Japanese singer Li Xianglan that seemed to come out of nowhere. We were able to enter the world of Ichiro's mother's memories through the lens —— 122. Standing there, we somehow felt that we could see Ichiro's grandparents in their youth, leading their young children, including his mother, toward us. These scenes from the boundary between China and America led to memories of the era when tradition and modernity coexisted in Japan.

118——119 | 中身が捉えにくい街は、どのストリートも
蜃気楼のように存在が不確かだ
Every street in this town with unknowable interiors was
of indeterminate reality, like a mirage.
骑楼, 中国　Qilou, China
2010　4×5 inch film

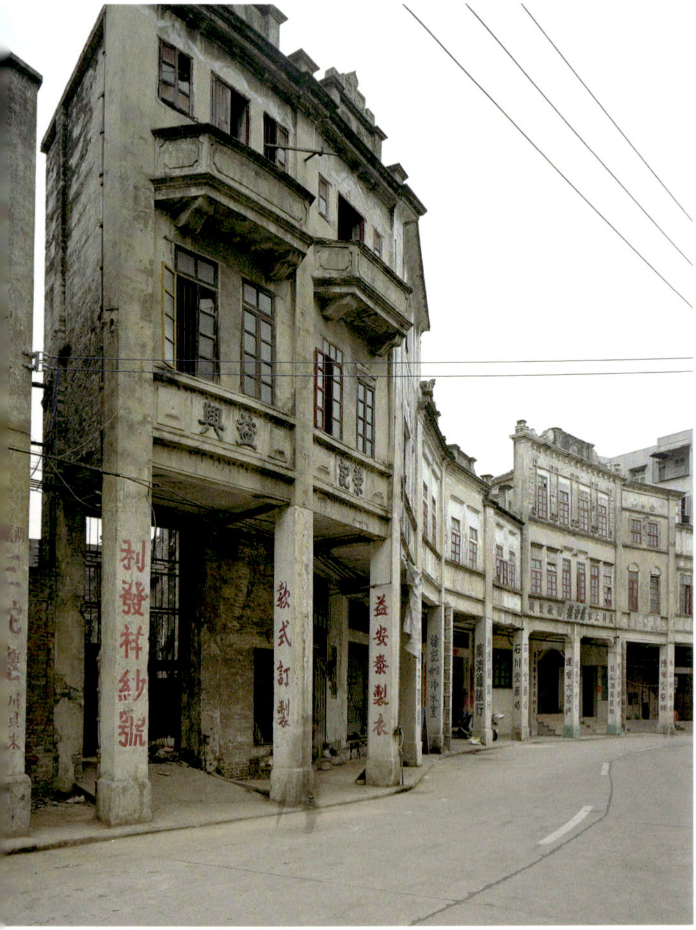
益興
款式訂製
益安泰製衣

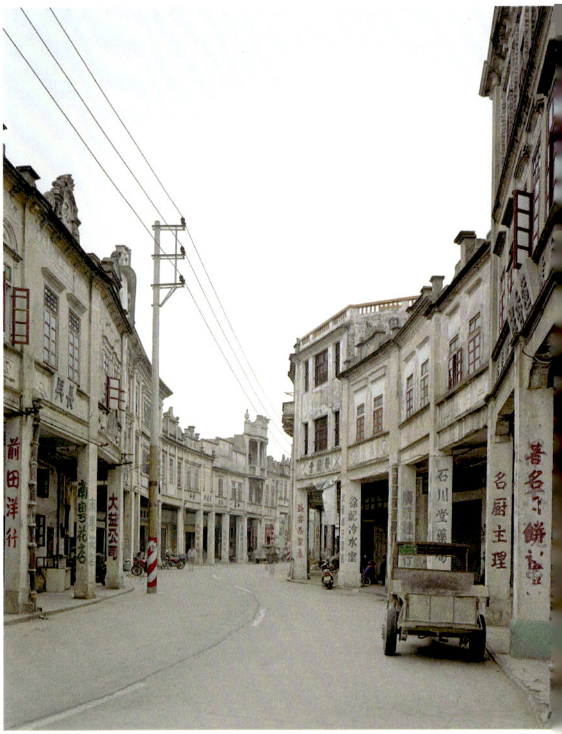
前田洋行
名廚主理

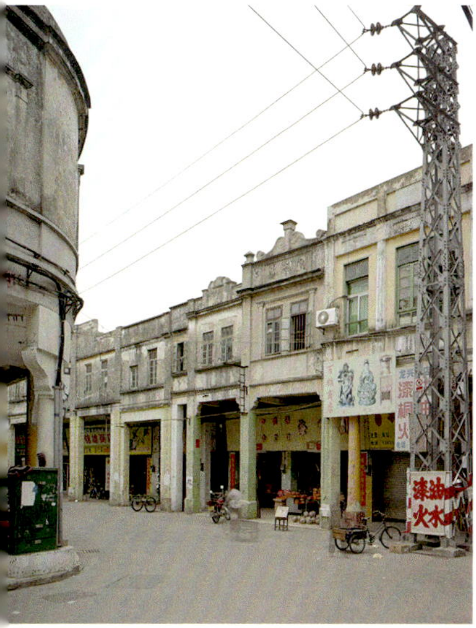

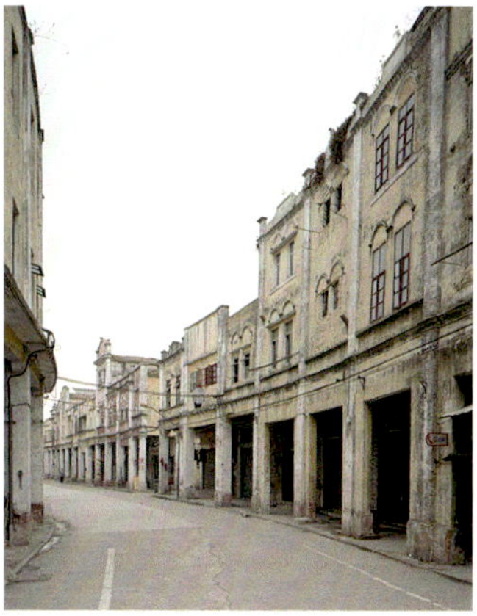

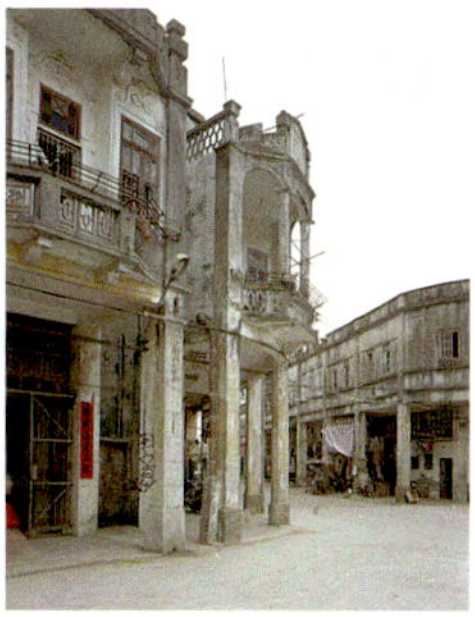

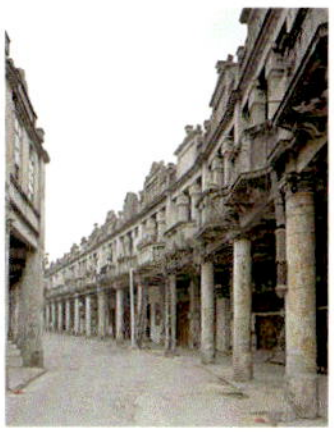

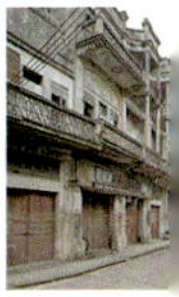

たローカルな人々が、輸入した西洋をなかば享楽的に消費した結果築き上げられたものだ。メキシコやナミビアのように征服者によって持ち込まれた場所ではない。当時、やっと民衆レベルまで豊かさが届き、移住先で個人の自由を目の当たりにした中国の人たちは、家を舞台に人生の喜びを表現することができた。彼らは世界各地の最先端の街の、輝く生活のすべてを広東の農村に集めようと力を注いだ。

　　　　短期間に集中して集められた世界の時間は、共産主義の時代に凍結されたまま現在に残された。田んぼの中に建ち並ぶ風変わりな摩天楼と、街道沿いに続くヨーロッパでも中国でもない映画セットのような街は、現実に存在すること自体が不思議な、夢の中に紛れ込んだような風景だ。ファサードは何気によそ行きで、仮面のように平滑だ。内部の生活は、漢字の看板や洗濯物、清明祭の爆竹の残骸からようやく推察できる。ときおり姿を現す人やオートバイ、鉄塔や電線から近代的な生活が営まれていることが窺える。しかし、この街並みの、中身のない模型のような、現実感に乏しい感覚はどこからくるのだろうか。100年前に起こった華僑の大移動。中国人の強い競争意識と文明的生活に対する渇望が、瞬く間に農村や街の風景を変えていく。急いで取り入れた表層だけの近代は、伝統的な生活を短期間のうちに洋風ファサードで包み隠した。メンツを重視する中国の人は、家の内部はともあれ外観は、成功者＝近代人としての顔を取り繕っていたのかもしれない。そして共産主義時代、商業が存在し

　　　Back in Tokyo, we printed the photos and mounted them in a series, creating another town. As we lined them up horizontally, many street corners appeared, presenting an entrance into this nameless town. It was like wandering through the subconscious mind of Ichiro's mother. Every street in this town with unknowable interiors was of indeterminate reality, like a mirage——118-119. Here was the shape of the origins of the contemporary global city. Movements of people and cultures and changes in social organizations will successively overturn the historical context of this region. In contemporary cities, where movement in space and time is accelerating and complex changes are occurring, we cannot meet these challenges with historically consistent design. It is already impossible for the outer appearance and lifestyles and materials and

ない社会で商店街は無用になり──114-115、近代を装うことそのものが宙に浮いてしまう。建設資金を送金した華僑が祖国に戻ることはなく、住民が海外に移住して空き家になったものも多い。仮面の街は空洞化し、ファサードはまったく意味不明の記号になる。

中国の撮影には毎回、一郎の年老いた母を連れて行った。認知症で亡くなった父の介護で疲れ、自らも介護認定を受けるほど衰弱していたからだ。母の昔話に出てくる日本の光景を思い浮かべて、この中国の街から記憶をたどれば彼女が生気を取り戻すような気がした。私たちがカメラを立てている間、母は街のどこからともなく流れてくる古い李香蘭の曲を口ずさみながら騎楼の下に座っている。私たちもレンズを通して、母の記憶の世界に入って行く──122。ここに立つとなぜか、向こうから若い祖父母が幼い母達を連れて歩いてきそうな気がする。この中国とアメリカの境界にある風景は、伝統と近代が併存していた頃の日本の記憶につながっている。

東京に戻り、プリントした写真を連続させて、もうひとつの街をつくった。横一列に並べるとたくさんの曲がり角が登場して、無名の街への入り口が顔を出す。老いた母の脳裏をさまよう風景。中身が捉えにくい街は、どのストリートも蜃気楼のように存在が不確かだ──118-119。ここに現代のグローバル都市の原点の姿がある。人と文化の移動、社会体制の変化が、その地域の歴史的文脈を次々に覆してしまう。

so forth of houses to be at one with the traditions of a region. This is even more true in regions where modernization has come later, as a strangely unreal modernism completely covers the surfaces of towns. People's longing for affluence and their competitive spirit prompts them to collect and assemble the global symbols of wealth in a simultaneous process. Tokyo is a typical example, but all globalized cities are beginning to share the same characteristics. The objectives and meanings of colors and shapes are becoming uncertain, and the general public's unawareness has become a symbol and lacks direction.

We decided to reconstruct a multi-storied, multi-layered Unconscious──134-135 and create a model city in one corner of our Tokyo Eclectic House──123. The layers consisted of our memories of growing up in Tokyo──126, the overseas trips we had

122 | 私たちもレンズを通して、母の記憶の世界に入って行く
We were able to enter the world
of Ichiro's mother's memories through the lens.
騎楼, 中国   Qilou, China
2010   4×5 inch film

123 | 「東京の家」の一角に模型都市をつくる
We will create a model city in one corner
of our Tokyo Eclectic House.
「東京の家」 Tokyo Eclectic House
2014   digital

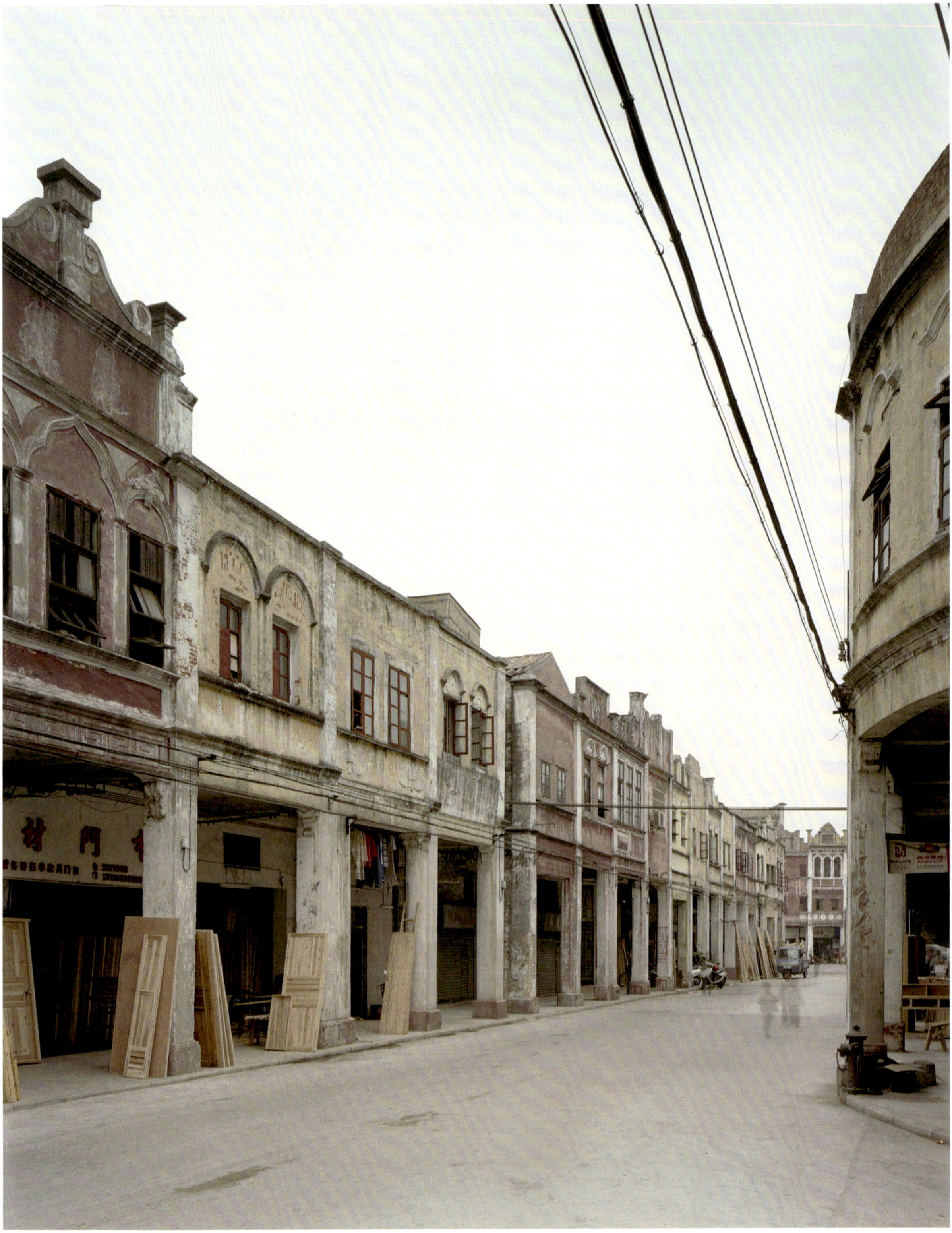
材 門

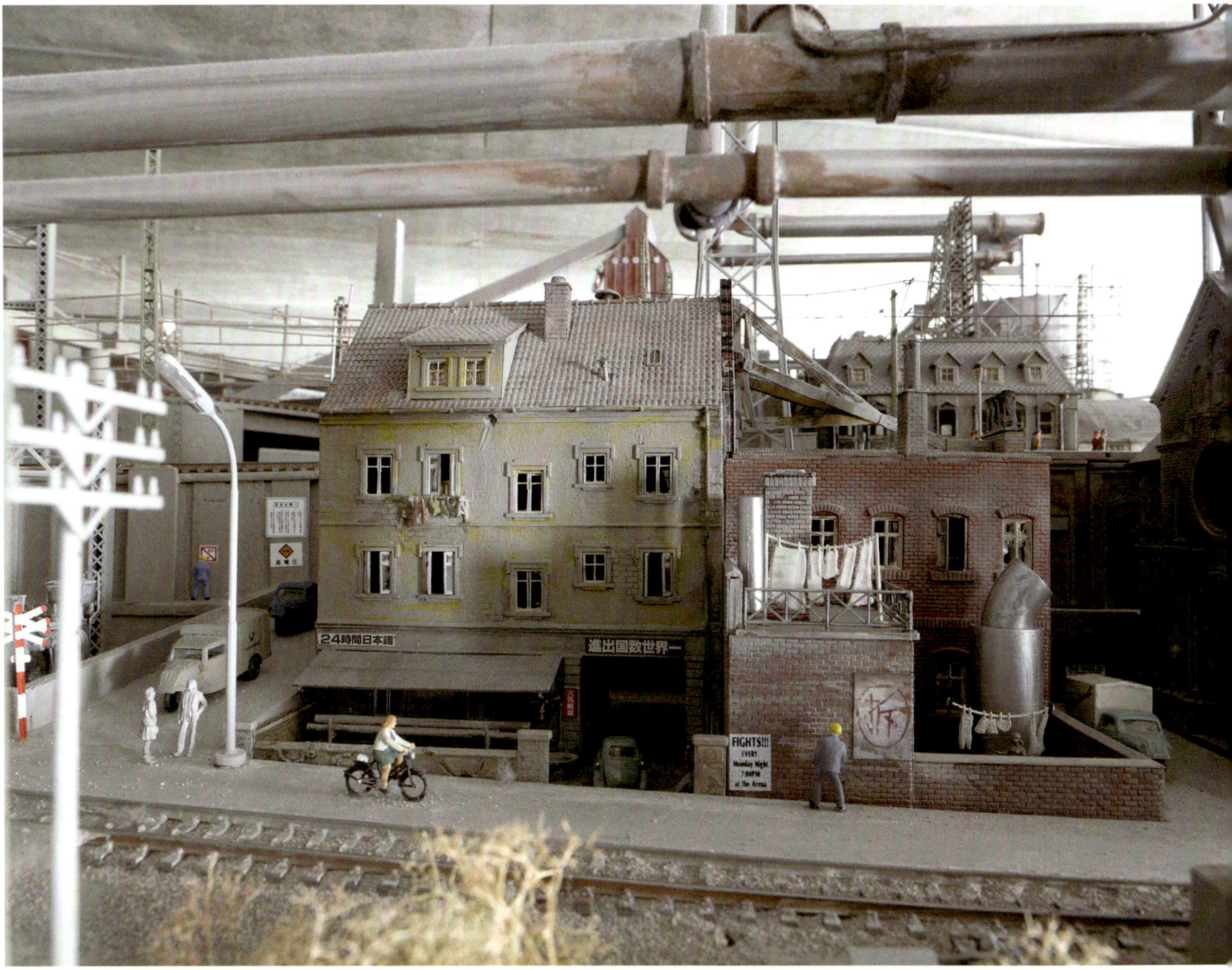
24時間日本語
進出国数世界一
FIGHTS!!!
EVERY
Monday Night
at the Arena

空間と時間の移動が加速化し複雑に変化する現代の都市では、歴史的な一貫性を表現するデザインでは対応できない。家の外観と住まい方、材料などが、その地域の伝統と一体となることはすでに不可能なのだ。近代化が遅かった地域であればなおさら、現実感に乏しい輸入されたモダンが街の表面を覆い尽くしている。人間の豊かさへの渇望と競争が、世界の富の記号を同時処理的に集めて組み立てている。東京はその典型だが、グローバル化したすべての都市に共通の特徴になりつつある。イタリアでも中国でもグァテマラでも、お金持ちになるとハリウッド映画のようなアメリカ風の家を建てるのだ。色や形の本来の目的や意味が次々に宙に浮き、民衆の無意識が記号になって漂流する。

多層的、多重的な無意識——134-135 を再構築して、「東京の家」の一角に模型都市をつくる——123 ことにした。私たちの育った東京の記憶——126、これまで体験した海外の旅、文化人類学的探査などを重ねる——130-131。具体的には、子供の頃に住んでいた旧共産圏のような団地、延々と続く商店街、並走する電車、高架橋、夜の高速道路とネオンサイン、家の近くにあった巨大な工場や貨物操車場などの東京の記憶。優の住んでいた1960年代のドイツ、そして新婚旅行で見たベルリンの壁、モスクワの発電所、ナミビアのゴーストタウン、中国の商店街、世界各地の駅、製鉄所、軍艦島……。都心のマンションを引き払った時に解体した模型は、20年以上梱包されたま

experienced up to that point, and explorations of cultural anthropology——130-131. We then created a stand for the model by piling up screen blocks——127, creating a scene like the outside of a building in the deepest recesses of the house. The deeper you go into the interior from the dining area (with its 5 meter ceiling) the more it seems as if you are going outside. It will be a model city, although in a scaled-down form. Going from a large interior to a small exterior will turn the original concepts of inside and outside, of house and town, on their heads. Furthermore, the inner wall that is in contact with the model is a mirror. The screen block wall and the model city will be enlarged on the "other side" of the mirror, and far on the other side, an actual view of Tokyo will be visible through the window reflected in the mirror. Embedded worlds and parallel worlds will be

まだった。ばらばらになった模型にその後の人生を重ねて再構成し、「東京の家」の中にもうひとつの世界を出現させる。模型の都市を、我が家の建築の一部として整合させるために、模型の中の人形の目線を、実際の人間の目線の高さに合わせることにした。そこで、沖縄から運んだ花ブロックを積んで模型台をつくった──127。模型台の内部は、イメージの元となった子供の頃のアルバム、世界各地の旅や探査の資料などを収蔵する資料室だ。沖縄の花ブロックはアメリカ統治時代に移入されたものだが、我が家ではブロックのさまざまな模様を組み合わせて、家の一番奥に建築の外観のような光景をつくった。家の奥に進むほど外部のイメージになり、都市になってしまうよう目線を誘導したかったからだ。天井高5mの広いダイニングホールから、奥に入るほどスケールダウンして模型の街になる。大きな内部から小さな外部へ、本来の内と外、家と街の関係を逆転させる。そして模型が接する一番奥の壁は鏡になっている。花ブロックの壁と模型の都市は向こう側に倍増し、遥か彼方には、鏡に映り込んだ窓から現実の東京の風景が見えている。入れ子になった世界、パラレルワールドが続いてゆく。

　二人の子供の頃から変わらない東京のイメージは、何列にも並走する巨大な鉄道のネットワークと高速道路、夜のネオンだ。複数の電車が走り回り、光やネオンが点滅する東京のイメージ、それを可能にしたのは、デジタル制御の鉄道模型とLED

connected to each other.

　What allows us to create an image of Tokyo where several trains run round and round and lights and neon flash on and off are a digitally controlled model railroad and electronic tinkering. We imagined the original cities that Tokyo formerly imitated and imported buildings, bridges, tracks, cars, and other components of the model railroad from the United States and Germany. The structure kit for the model railroad is rich in viewpoints for observing the architecture and the city. In order to give concrete form to the Unconscious that makes up the city, the real observations of a third person are essential, and in this case, that means the parts in the kit. We cut and separated the parts and immediately assembled them on an ad hoc basis to create things like stations,

126 ｜ 私たちの育った東京の記憶
Our memories of growing up in Tokyo
「東京の家」 Tokyo Eclectic House
2014　digital

127 ｜ 沖縄から運んだ花ブロックを積んで模型台をつくった
We created a stand for the model by piling up screen blocks.
「東京の家」 Tokyo Eclectic House
2009　4×5 inch film

中国　　　　　　　　　China

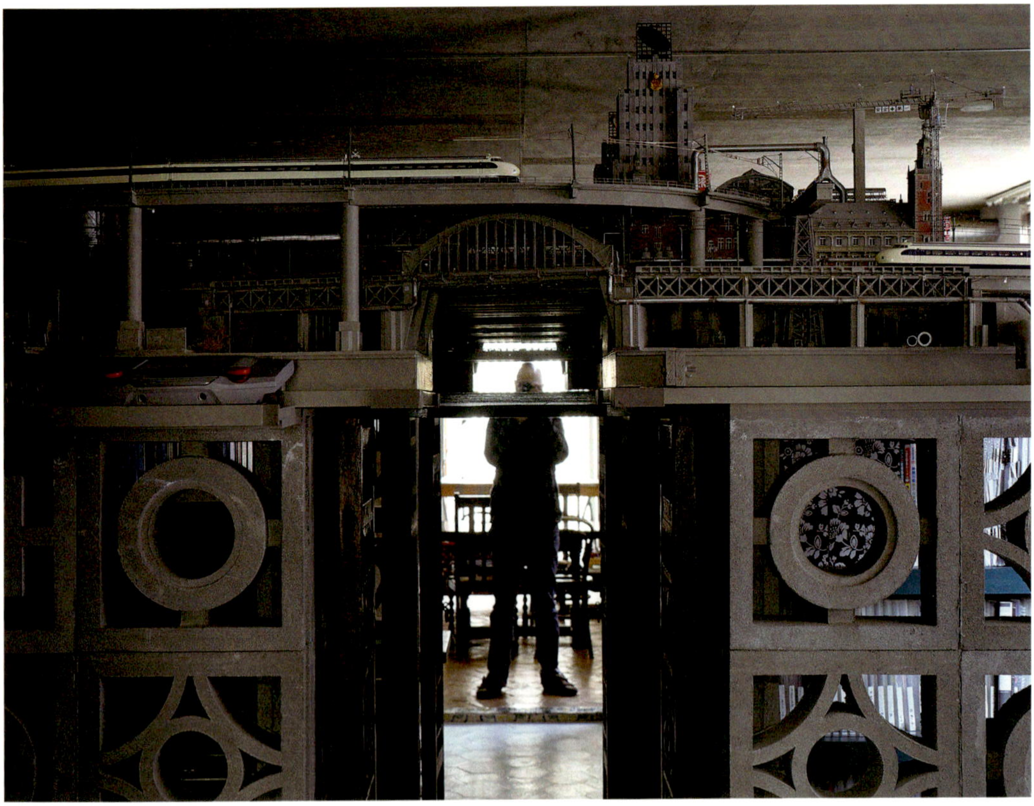

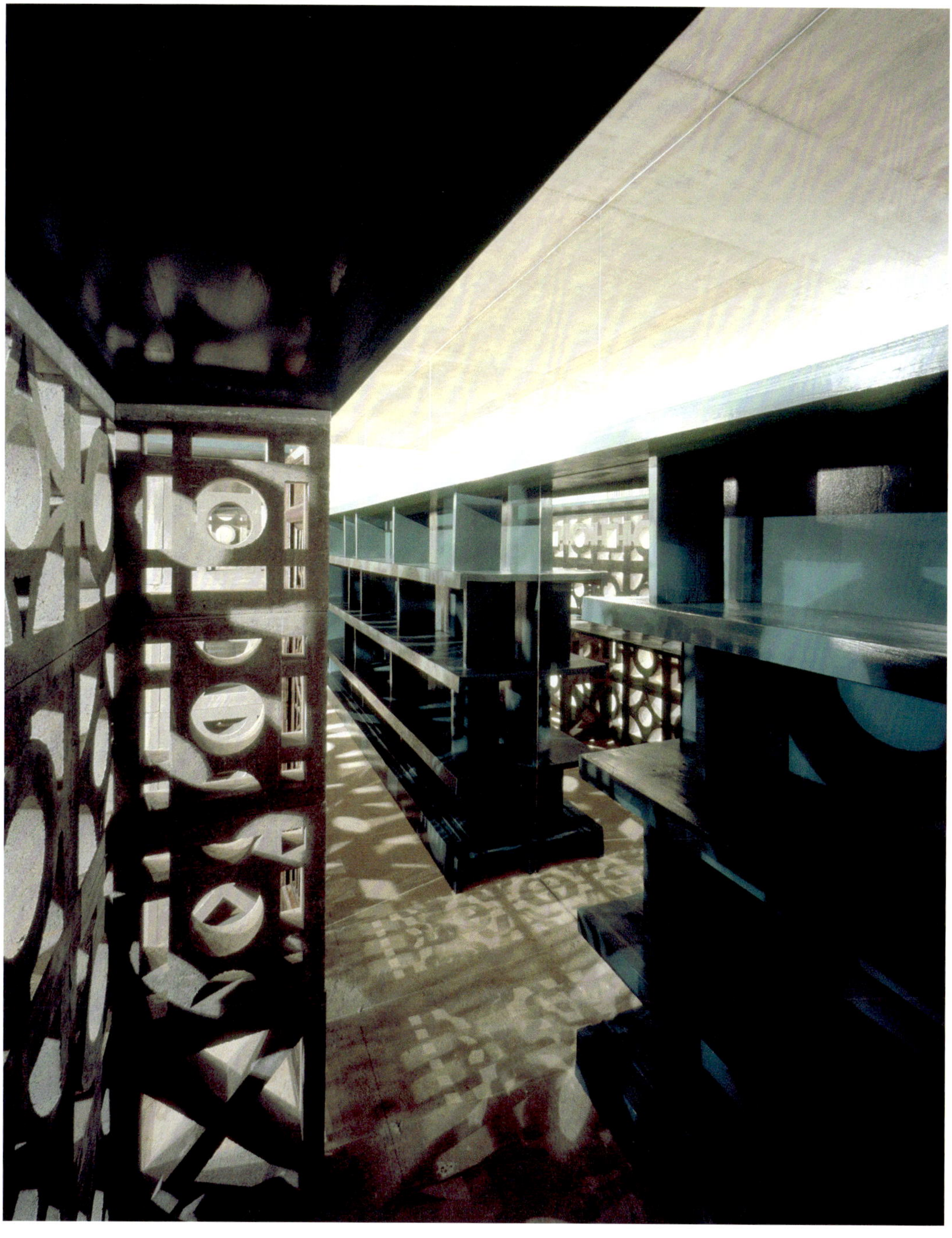

（発光ダイオード）やネオンの電子工作だった。鉄道模型でストラクチャーと呼ばれている建物や橋、線路、車両などは、かつて東京が模倣したと思われるオリジナルをイメージして、アメリカやドイツから取り寄せた。鉄道模型のストラクチャーキットは建築や都市を観察する視点に富んでいる。都市を構成する民衆の無意識に形を与えるためには、第三者のリアルな観察による視点が欠かせない。客観的な視点で作られたプラモデルを切り分け、その場のアドリブで組み合わせて駅や工場、家などをつくっていく。

　　　線路も架線も列車も過剰に集積させたい。それには、かなり急カーブの線路を高速で走らせなければならないし、模型メーカーが想定した以上の急坂を登ってもらわなければならない。無理に架線を張るとパンタグラフがはずれる。衝突を防止するために自動列車制御装置も必要だ。それでも電気的なシステムだけでなく、線路や車両も改造して、限界まで過密に線路を組んだ。そして、大量のLEDを、建物や橋、列車などに埋め込んだ。それぞれに回路をつくって、いろいろなパターンで点滅させる。こうして、列車のポイントや信号系統、ネオンも合わせると回路がどんどん増えて、配線するスペースが限界になった。夜のプラットホームと列車のライト、製鉄所やガスタンクの白い明かり、街の黄色の明かり、港湾やクレーンの赤い点滅、そして闇に瞬くビルのネオンサイン、遠い警笛、無数の電子音。模型下の資料室から、台に開けた

factories, and houses. We reconstructed not only the electrical system but also the tracks and cars, laying down tracks as densely as possible. When we peek through the holes in the stand from the materials area under the model, we can see the lit-up trains running back and forth, with the lights appearing and disappearing from our sight. The trains create new accidental landscapes with combinations of neon and LEDs.

　　　The tracks, overpasses, cars, pipelines, and factories are huddled closely together. We need to compress them all into one photograph. We wonder where the desire to concentrate the elements or process them simultaneously came from. This may be because Tokyo is overcrowded and because the special feature of Japanese culture is its flatness, but that does not seem to be the only reason. It was about ten years ago that Yu

あちこちの穴に顔を突き出すと、明かりを灯しながらたくさんの列車がすれ違って行く。電車がネオンやLEDと重なり次々と偶然の風景が出現する。

　　　密集した線路や架線、車両、パイプライン、工場。それらを一枚の写真に圧縮すること。この、集中させたい、同時処理したい、という欲求はどこから出てくるのだろうか。東京という場所が過密だから、日本文化の特質がフラットだからという理由もあるが、それだけでは無いような気がする。ディスレクシアという概念は10年くらい前に優が見つけた。それまで一郎は、子供の頃から自分にだけ出来ないことがたくさんあって辛いということだけを伝えていた。例えば、漢字を左右ひっくり返して書いたとか、算数の九九が覚えられなかったとか、文字を順番に読むのが難しい、ネジの回転方向が分からない、いくら勉強しても英語だけはまったく覚えられない、人の顔が覚えられない、ボールを触りたくないとか。これらの症状は、典型的なディスレクシアを示していたので、発見したときは目から鱗だった。遺伝するらしく、ディスレクシアは日本では20人に1人といわれているが、英語が母国語のイギリスやアメリカでは10人に1人いて、教育のサポート体制が整備されているそうだ。

　　　近年、映画監督のスティーブン・スピルバーグがディスレクシアだったことを告白しているが、建築家ではガウディ、ライト、ミース、ロジャース、アーティストではダ・ヴィンチ、ミケランジェロ、ロダン、ウォーホル、岡本太郎などがリストに上ってい

found out about the concept of dyslexia. Until that point, Ichiro had been troubled since childhood by being unable to do things that other people could do. In recent years, the film director Steven Spielberg has confessed that he has dyslexia, but the list of famous dyslexics also includes architects such as Gaudi, Wright, Mies van der Rohe, and Rogers, as well as artists such as Da Vinci, Michelangelo, Rodin, Warhol, and Okamoto Taro. The reason that so many architects are dyslexic may have something to do that architectural thought requires using simultaneous processing more than sequential processing. One of Ichiro's traits is that he is bad at sequential processing. Reading things in order, as one must in order to understand a book, and writing a composition in order so that it is understandable, are slow and painful processes for him. The characters seem to fly back

130——131 | これまで体験した海外の旅、
文化人類学的探査などを重ねる
The layers consisted of the overseas trips we had experienced
up to that point, and explorations of cultural anthropology
「東京の家」　Tokyo Eclectic House
2014　digital

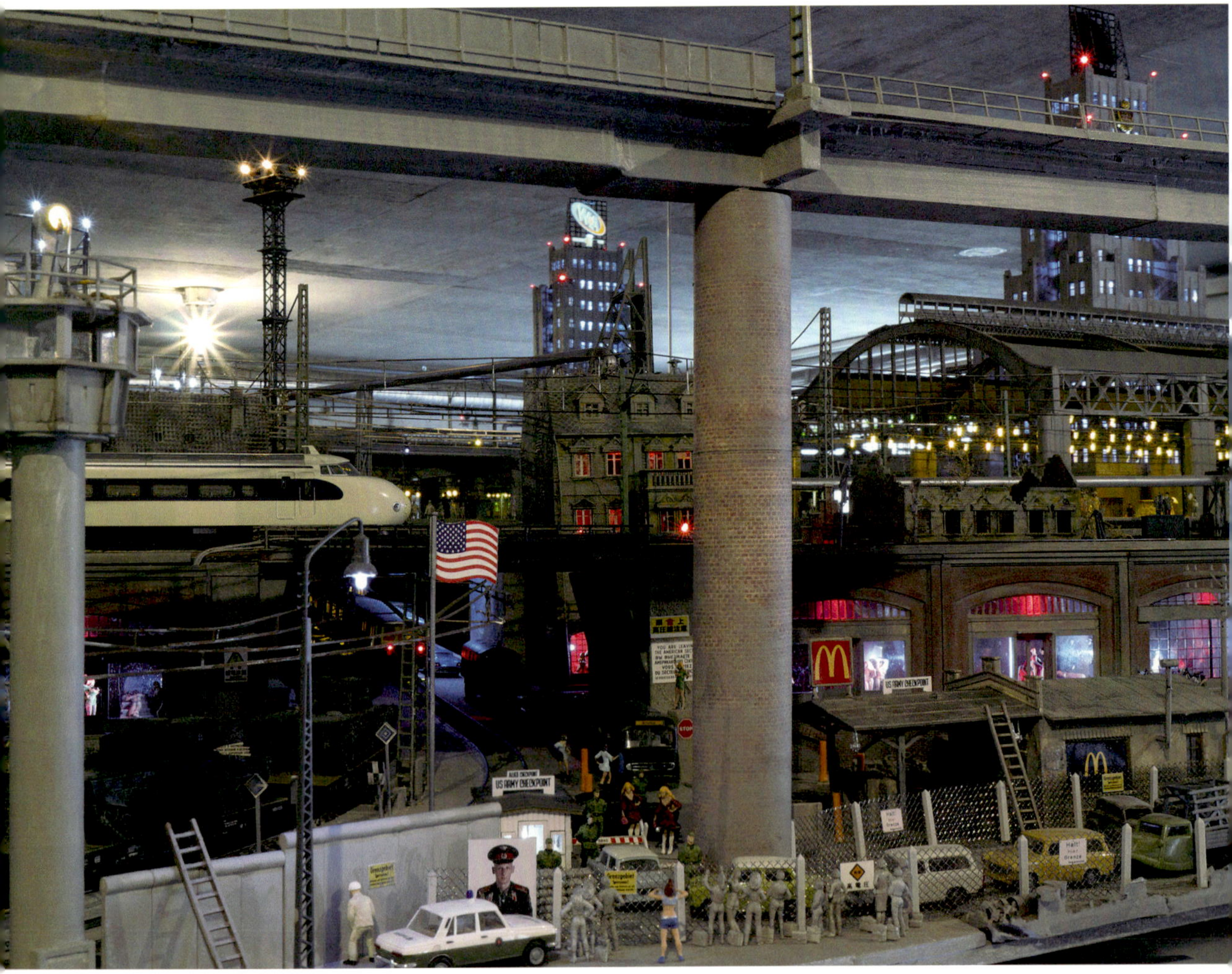
US ARMY CHECKPOINT
STOP
US ARMY CHECKPOINT
Grenzgebiet

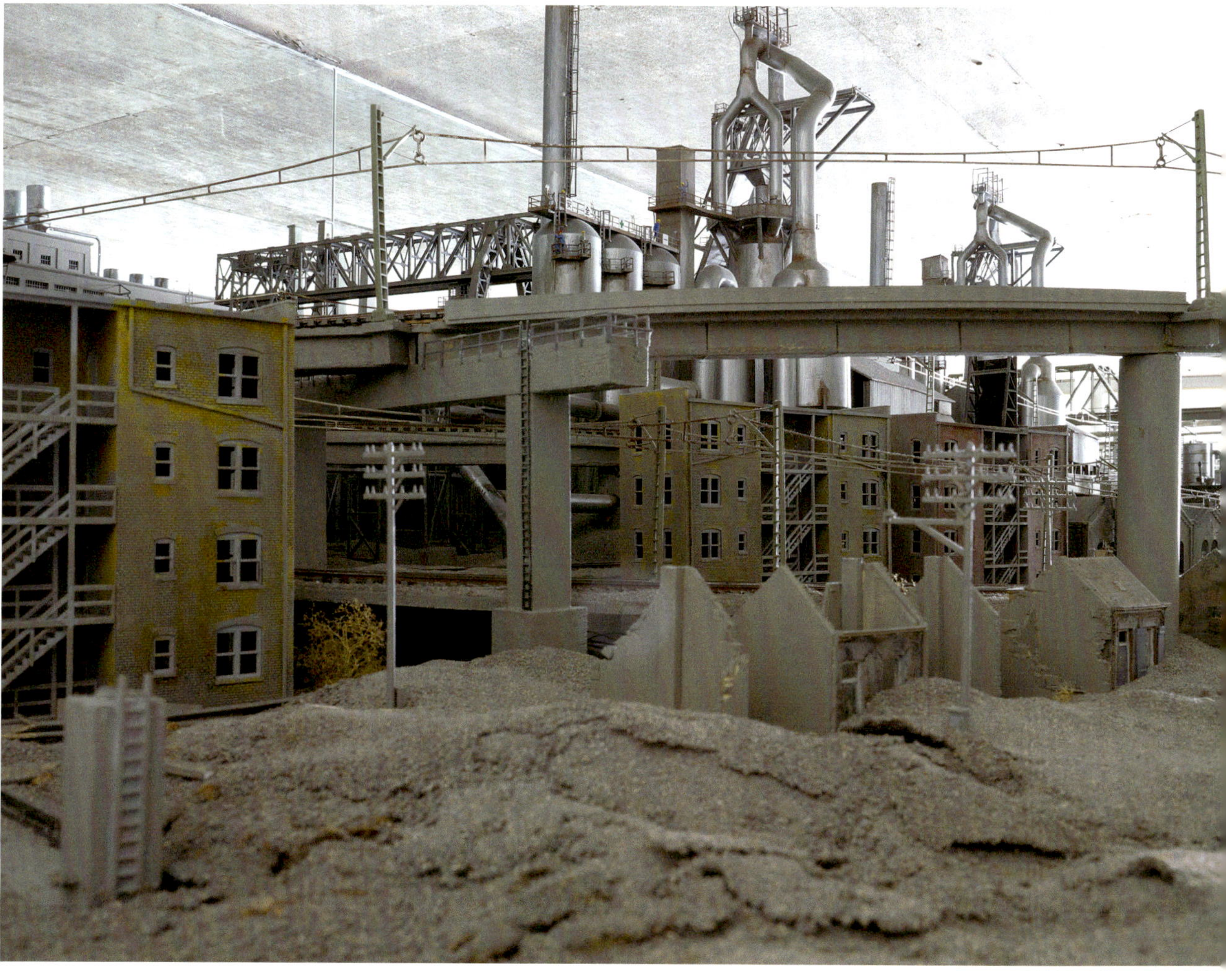

る。建築家が多いのは、建築的思考には継次処理よりも同時処理を使うことが多いからだろう。写真家も同様だと思うが、アンセル・アダムスくらいしか見つからないのが解せない。不思議なことに文芸家もいる。アガサ・クリスティとルイス・キャロル。アガサ・クリスティは代筆してもらっていたようだが、列車などの近代技術を用いたアイデアと、推理を展開する切り貼り的な構成がディスレクシア的だ。

　　　　　　ディスレクシアは人によっていろいろな症状を示すが、一郎の場合は継次処理が苦手だという特徴がある。例えば、初めての場所に出かけるとして、道順を言葉で説明されて全くわからなくても、地図を見て瞬時にわかったという体験をした人はけっこういるのではないか。一郎の日常は、こうしたことがすべての問題に及ぶ。読書のように順番に読んでいかないと解らないことや、作文のように順番に書かないと成り立たないことがとても苦痛なのだ。パソコンの普及で、コピー・アンド・ペーストしていけば文章がつくれるようになり、建築のパーツを組み立てるように執筆できるようになった。しかし、ワープロさえ無かった時代は大変で、友達に書く簡単な手紙でも、まず頭の中に浮かんだことを箇条書きにし、順番を考えてから文に符号を付けて番号に沿って清書した。空中をバラバラの文字が飛び交い、すべての文が同時に頭脳空間を覆ってしまうので、全体が組み立つまでどれを先に取り出して良いのかわからないのだ。逆に全体が把握されると、すべての順序は同時に決まる。同時処理能力

and forth in the air and the entire text covers his brain simultaneously, so until the whole text is assembled, he does not know which part comes first. On the other hand, when he grasps the entirety of something, he is able to put it all in order simultaneously. Evidently his simultaneous processing ability comes to the forefront in order to complete the parts he has missed. Another one of his traits is that his sense of perspective is odd in small ways. In particular, he is bad at making plaster cast drawings, and no matter how often his teacher corrected him, the drawings lost their three-dimensional look and reverted to two dimensions.

　　　　　　In that respect, photographs do not require any order or perspective. It is best to see all the details in every corner of the screen all at once. Since all the problems are

が脳の欠落部分を補うのだろう。もう一つの特徴は、遠近感が微妙におかしいことだ。特に石膏デッサンが苦手で、先生が何度直してくれても、立体感を無くして平面に還元してしまった。

その点写真は、順番と遠近感を必要としない。画面の隅々まで、すべての細部は同時に見えていたほうが良い。シャッターを押す瞬間的な時間に、すべての問題をたたみ込めるから、絵画のように順番に描いて行くアートとは捉えている内容が違う。建物を見る角度、水平垂直、雲の動き、太陽の影、左から来る人、右から来る車、遠くにあるものと近くにあるものなどを、画面を同時に見て決めてしまうことができる。写真というメディアは、ディスレクシアが見ている世界をそのまま視覚化できる──136-139。このようなタイプのディスレクシアの人は、全体を同時に処理できることが長所となるような仕事に巡りあう必要があるだろう。しかし現代のように、生活の隅々まで同時処理的な場面が増えてくると、逆に、社会環境がディスレクシア脳に近い構造になってきているのかもしれない。

folded into the photo the instant one presses the shutter, the content of photography differs from arts like painting, which require drawing things in a certain order. You can see the entire screen at once, and make a decision, whether its about the angle for looking at a building, horizontal and vertical, the motions of clouds, the shadows created by the sunlight, people coming from the left, cars coming from the right, things that are far away or things that are close by. Photography is a medium that can put the exact perceptions of a dyslexic into visible form──136-139. In our present day, when increasing numbers of situations in all aspects of life require simultaneous processing, the social environment may develop a structure that is ironically like that of the dyslexic mind.

134──135 | 多層的、多重的な無意識
A multi-storied, multi-layered Unconscious
「東京の家」 Tokyo Eclectic House
2014　film still

136──139 | 写真というメディアは、ディスレクシアが見ている世界をそのまま視覚化できる
Photography is a medium that can put the exact perceptions of a dyslexic into visible form.
「東京の家」 Tokyo Eclectic House
2014　digital

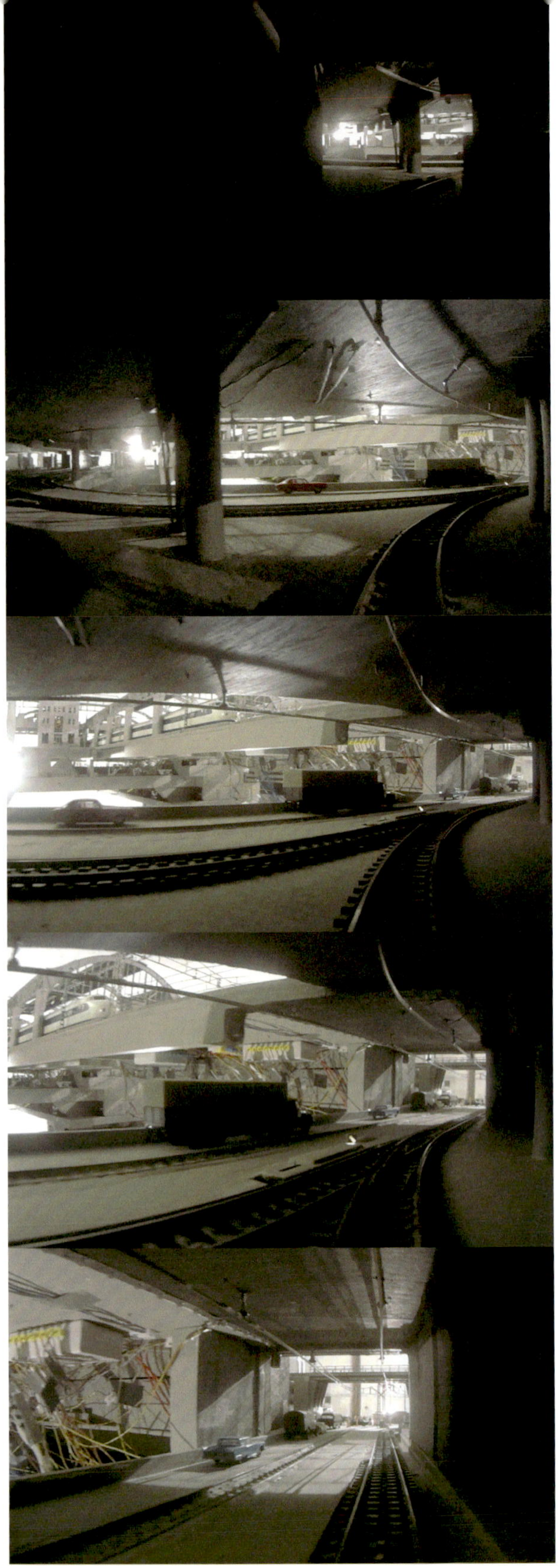

134——135

安　全

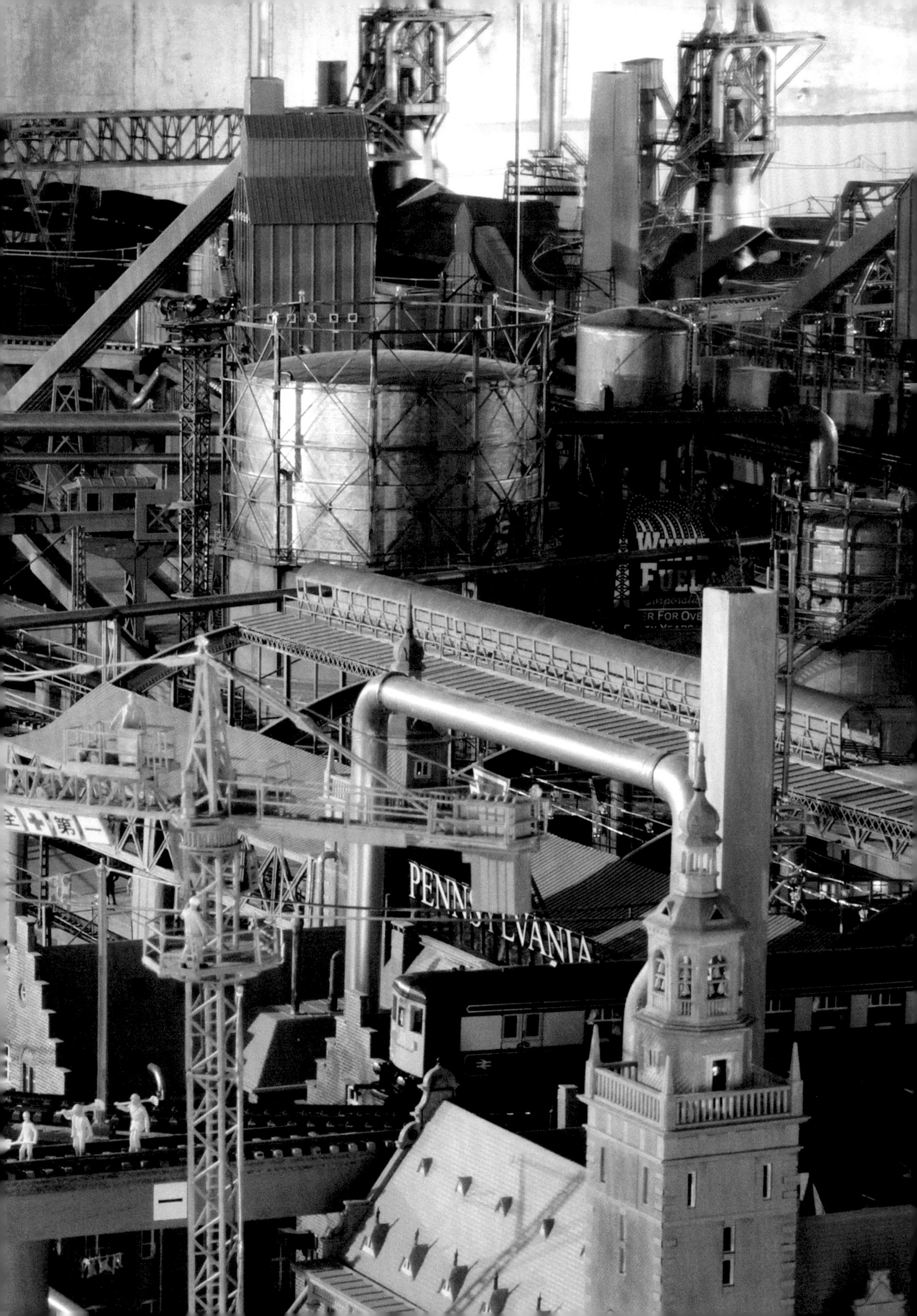
全 第一
PENNS
LVANIA

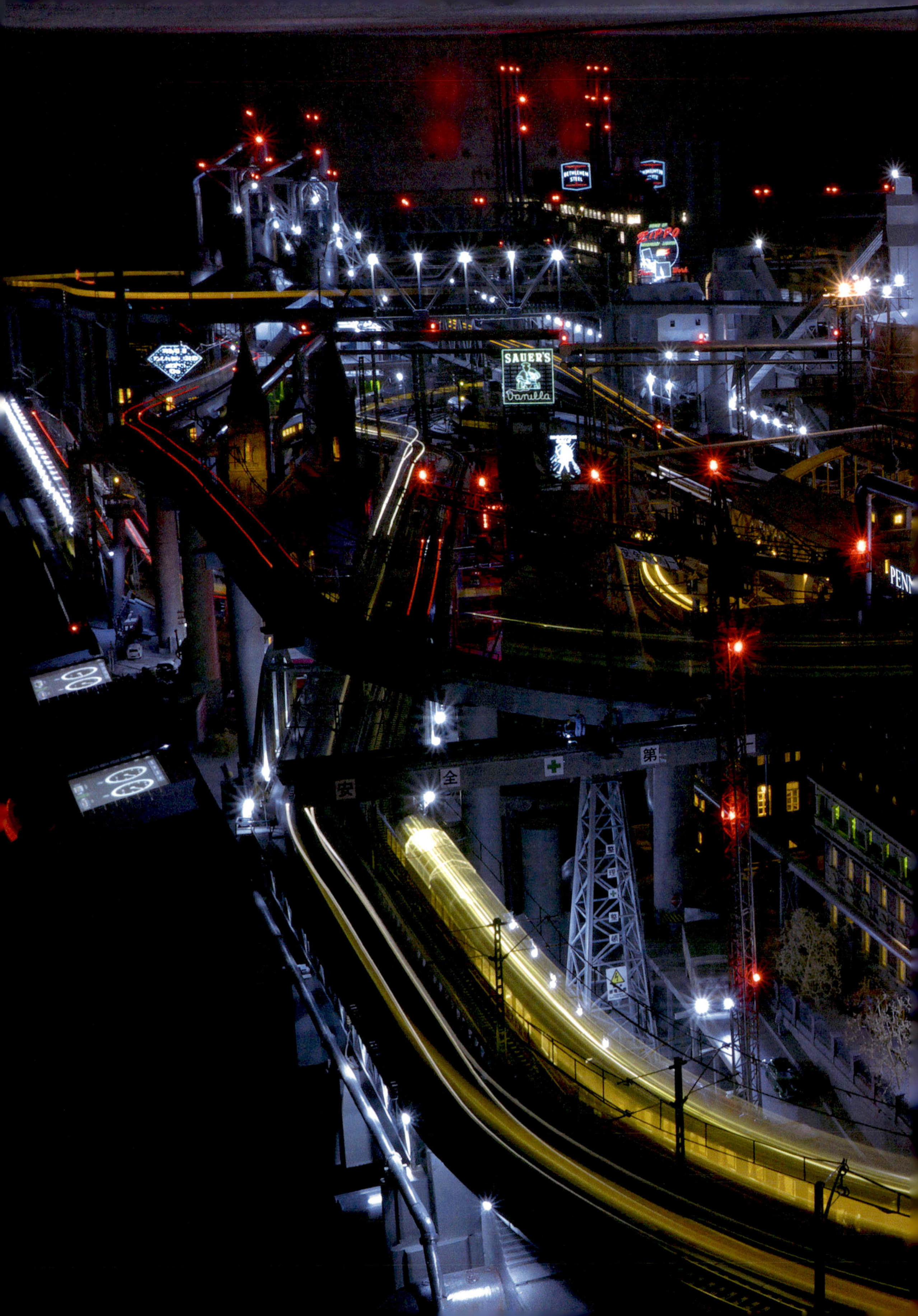
BETHLEHEM STEEL
ZIPPO
SAUER'S
Vanilla
PENN
安
全
第

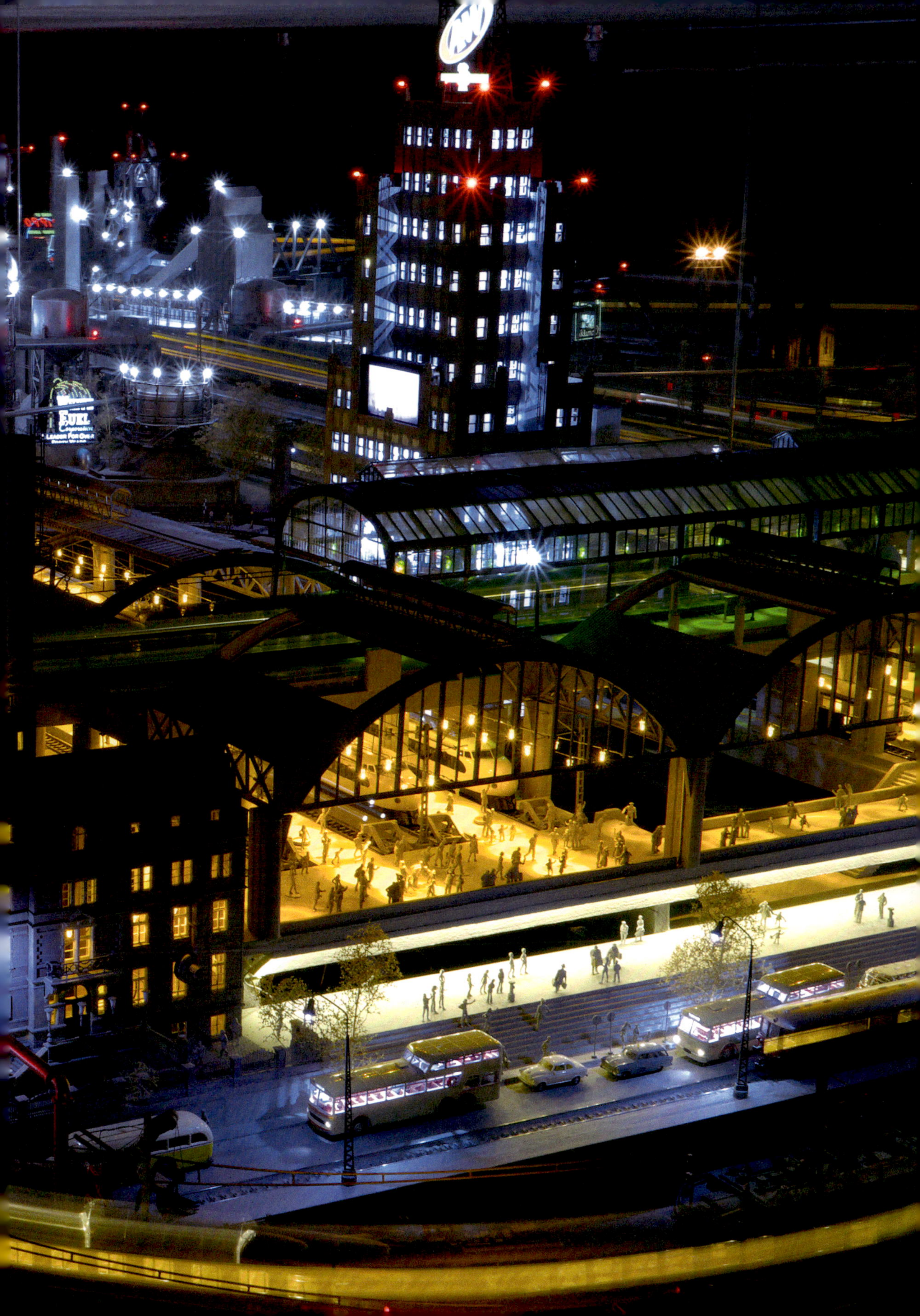
LEADER FOR OVER

ギリシャ——「東京の家」を再発見する

Greece: Rediscovering Tokyo Eclectic House

4歳の時、白いコンクリートの団地に引っ越したときの感激を一郎は今でも覚えている。大きな窓からは、試験走行する夢の超特急が地平線に消えてゆく。東京オリンピックの年だった。日当りと眺望の良さ、清潔なダイニングとキッチンにトイレ、風の抜ける広い屋上、公園のような遊び場、自動車が並ぶ駐車スペース、統一された幾何学的な外観、建物に記されたモダンな数字。優も3歳の時に、暗いドイツの家から、飛行機に乗って東京の団地に戻ってきたときの記憶が鮮明だ。大きな青空の下、白いコンクリートの箱が並ぶ社宅を走り回っていると、光に満ちた未来都市に来たような気持ちになった。

このような団地の原点は、20世紀初頭にヨーロッパで誕生したモダニズム建築だ。伝統的な建築や街のありかたに異議を唱え、無駄な装飾を排したスタイル。それは、前時代、前様式へのアンチテーゼとして、独創的なアイデアを打ち立てたハイ

Ichiro still remember the deep emotions he felt at the age of four when his family moved to a white concrete apartment block. From the big windows, he could see the proposed super express train running on its test track and disappearing on the horizon. It was the year of the Tokyo Olympics. Several years later, Yu was three years old, and she has clear memories of leaving the family's dark house in Germany, boarding a plane, and returning to an apartment block in Tokyo. As she ran around under an expansive blue sky among the white concrete boxes that formed the company housing complex, she felt as if she had come to a light-drenched futuristic city. These kinds of apartment blocks are examples of modernistic architecture, which originated in Europe early in the twentieth century. The modernists proclaimed their objections to the state of traditional architecture and

アートだった。平滑な壁、柱と梁の露出、横に連なる窓など、最小限のデザインモチーフを駆使してシンプルな美が競われた。しかし、やがてモダニズムからハイアートの部分が風化すると、機能性と経済性だけが注目され、世界中で熱狂的につくられるようになる。日本のように遅れて近代化した社会では、モダニズムは前時代の思潮に対する反発としてではなく、輝く進歩の象徴として積極的に取り入れられた。特にモダニズムの代表的な建築家であったル・コルビュジェの作品は繰り返し参照され、日本仕様に矮小化されてゆく。その和様化したモダニズムが、私たちが子供時代を過ごした東京の団地だったのだ。今は見る影もないが、1960年代には進むべき未来を示していた。私たちが育ったささやかな団地の思い出、モダニズム建築の記憶──146 も「東京の家」にとどめておきたい。

　「東京の家」の外観は、立方体に方形屋根を載せたシンプルな形になっている。平面プランは正方形で、正面から少しずつ大地に埋まっていく以外は、東西南北4面とも同じ場所に同じ形の窓がついている。どこかで見たことのあるような、何だか知っているような建築イメージ。もっとも凡庸でありながら、世界の人々の営みを包括しているような、家の外観はそういうプロトタイプがふさわしいと考えた。個人住宅とは言え、ファサードは道ゆく人の目に触れる半公共的なものだ。グローバル化した街につくるからには、いろいろな来歴の人がそれぞれの建築イメージを重ね合わ

communities and created a style that got rid of any unnecessary ornamentation. In countries like Japan, which modernized later, modernism was not seen as a reaction to the ideas of previous eras but was actively adopted as a symbol of brightly shining progress. The apartment blocks where we grew up are now mere shadows of their former selves, but we want to take our recollections of those modest buildings, our memories of modern architecture ─── 146, and incorporate them into Tokyo Eclectic House.

　Viewed from the outside, Tokyo Eclectic House has a simple form, a cube shape topped with a square roof. The floor plan is square, and except for the fact that it is embedded into a slight slope starting from the façade, all four sides, facing east, west, south, and north, have windows of the same shape in the same places. It is an

142｜天使のレリーフにはメキシコの主食である
　　トウモロコシが添えられている
　　An angel in relief and an ear of corn,
　　Mexico's principal food source
　　「東京の家」　Tokyo Eclectic House
　　2013　digital

143｜曖昧なシンボリズム
　　Vague symbolism
　　「東京の家」　Tokyo Eclectic House
　　2006　4×5 inch film

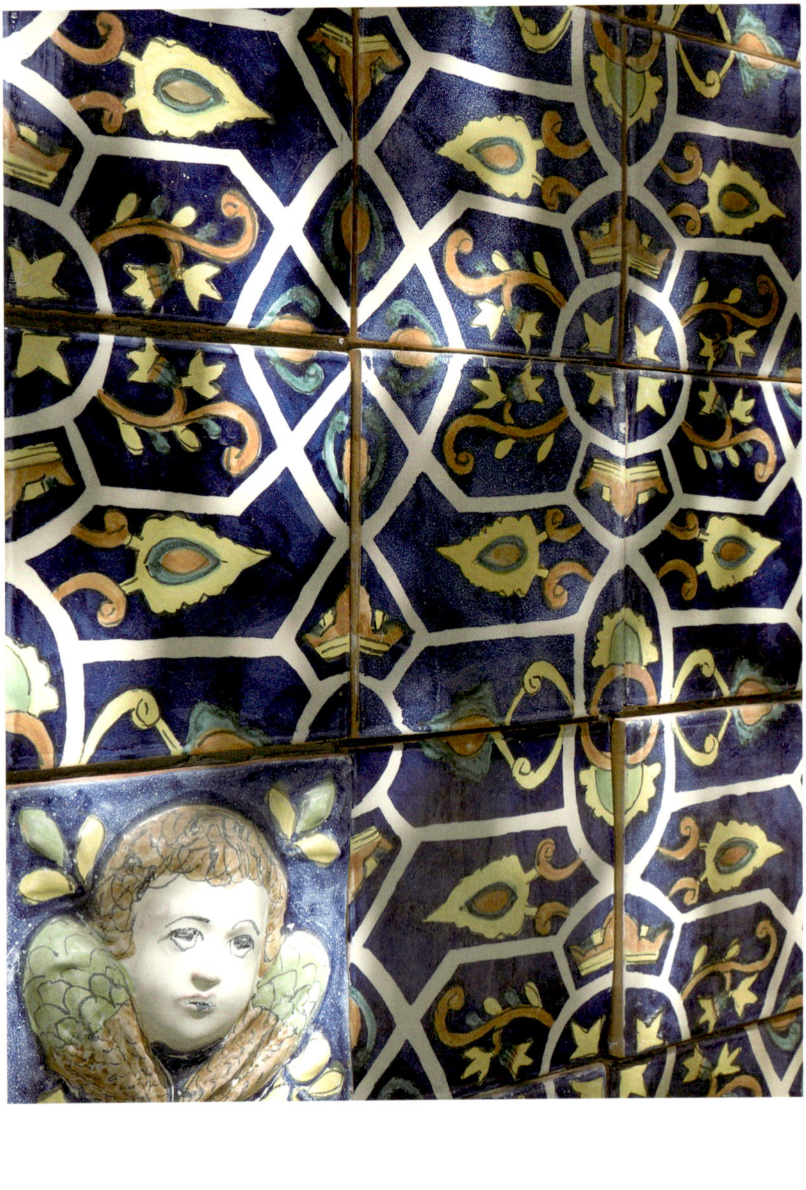

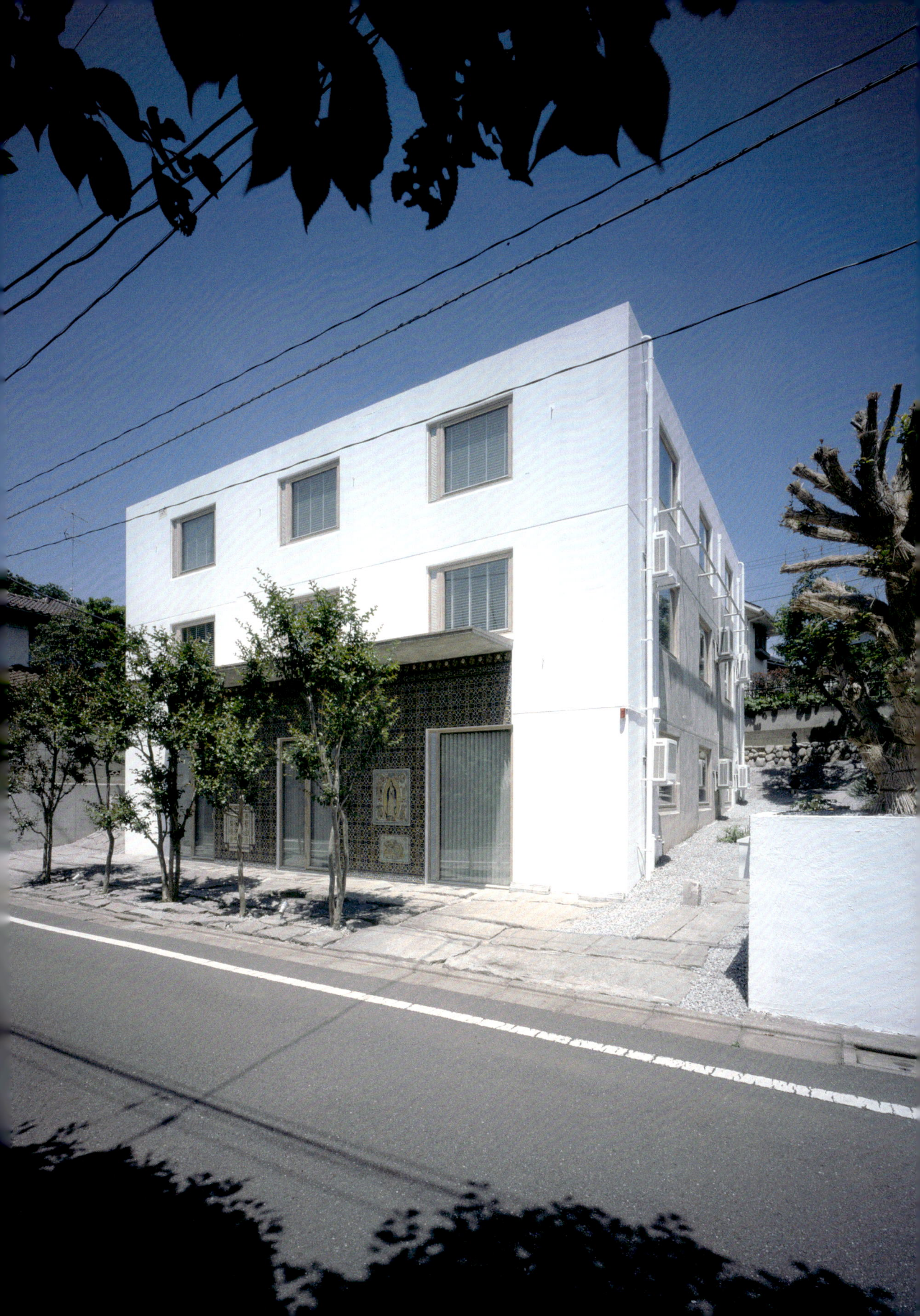

せることができるアイコンにしたい。まず、世界のどこにでもありそうな、旧共産圏の集合住宅のようなイメージをミニマルにし、そこに、いろいろな旅先で見たシンボリックな建築を抽象的に重ねた。ローマのパンテオン、パラディオのロトンダ、イスラムの霊廟、チベットの僧院、浄土寺浄土堂やウィトゲンシュタインの家など。これは、見ようによってはそう見えるという程度の曖昧なシンボリズム——143 で、見た人の歴史観によって想起するイメージが変化することを期待している。均一的な壁と開口部の並びは、出入り口、玄関がどこであるかを記さない。家の建設後しばらくして、入り口がわからなくてぐるぐる迷いながら「神父様はどこでしょうか？」と尋ねてきたブラジル人の青年がいた。カトリックの司祭館だと思ったという。イスラム国の公邸だと思って見回りに来てくれた警察官もぐるぐる家の周りを回っていた。レストランではないかと、小さな女の子から一人ずつ窓に顔を付けて覗いてゆくアメリカ人の家族。日本人のおばあちゃんの顔が、怪奇映画のように、たくさんガラスに張り付いていたときは度肝を抜かれたが、しばらくするとドイツ人コミュニティーのあいだでだけアーキテクトの家ということになっていた。住宅らしからぬイメージ、入り口を見つけられずに周回してしまう抽象的な外観。

　　　　極めてシンプルな外構で時間と空間を迷うこと。家の外周はすべてが石庭になっている。外周を回る通路は、緩やかな坂道に少し角度をつけて、パースペクティ

architectural image that seems somehow familiar. We thought the exterior of the house would be suitable as a prototype for a house that was commonplace and yet encompassed how the world's people experience their homes. Although it is a private home, it also has a semi-public façade that draws the gaze of passersby. Precisely because we are building it in a global city, we would like to turn it into an icon on which people of different backgrounds can impose their own architectural images. First of all, we minimized the image of the kind of collective housing that can be found anywhere in the world but what typical of the old Soviet bloc and then added abstract layers of symbolic architecture based on what we had seen during our travels: the Roman Pantheon, the Villa Rotunda of the Palladio, Islamic mausoleums, Tibetan monasteries, Jodoji Temple, and the

ブに錯覚が生じるよう計算した。京都の禅庭とナミビアの砂漠が、少しねじれて合わさったようなイメージだ。しばらくして庭の地下から、90年前にこの街が造成されたときの玉石を掘り起こした。10〜40キログラムほどの玉石は300個。その時代、多摩川の上流でよく採れたようだ。これを一つずつ崖に沿って積んで、庭に東京の歴史も重ねた。石材屋さんからは、墓石を切り出した後に残った大きな自然石を譲ってもらった。石の厚さが10〜60センチと不均質で、重いものは1トン以上ある。道路側は、石の割れた面を表にして、流氷のように無造作に並べた。巨石文明や縄文を感じさせる古代的な力。モダニズムの箱にプリミティブな力が加わる。

　　　日本の住宅には建物の顔、つまりファサードという概念がない。長かった封建時代の名残で、塀を立てて街路に対して閉じてきた。しかし、私たちの家は外に向かって開いている。道路に面したファサードには、両端部を残してメキシコのアラベスクタイルを貼った。天使のレリーフにはメキシコの主食であるトウモロコシが添えられている──142 。一枚一枚、手びねりでつくられた陶器質タイルは、厚さや大きさが不均質で、量感があってプリミティブだ。300年前と全く同じ製法で作られた心温かい物質が、モダニズムのファサードに重なった。現代とバロック時代、東京とメキシコという、遠く離れた時間と空間が交差する。このタイルの外壁のすぐ手前に、濃いピンクと濃い紫の花が咲くサルスベリの樹を9本植えた。沖縄の隣、奄美諸島の原産

Wittgenstein House. This is vague symbolism──143 that may or may not be apparent depending on how you look at it, but we expect that people who see the house will call to mind different images, depending on their view of history. The identical walls and arrangements of openings give no hint of where the entrance or the vestibule is. All around the house is a stone garden. We planned the path around the house with a gentle slope and a bit of an angle so that distortions of perspective arise. The image is like an interweaving of Kyoto's Zen gardens and Namibia's sand dunes. After a while, we dug up the cobblestones that were used to build walls along this hillside 90 years ago. There were 300 cobblestones, weighing 10 to 40 kilograms. We piled them one by one along the hillside, giving the garden an additional link to the history of Tokyo. A quarryman gave

146 ｜ モダニズム建築の記憶
Memories of modern architecture
「東京の家」 Tokyo Eclectic House
2006　4×5 inch film

147 ｜ いろいろなイメージを連想できるのは、
　　　形態がどこか抽象的でシンボリックだからだ
The reason that we can call to mind so many different images is that the form is somehow abstract and yet symbolic.
鳩小屋, ギリシャ　Dovecote, Greece
2008　8×10 inch film

ギリシャ　　　　　Greece

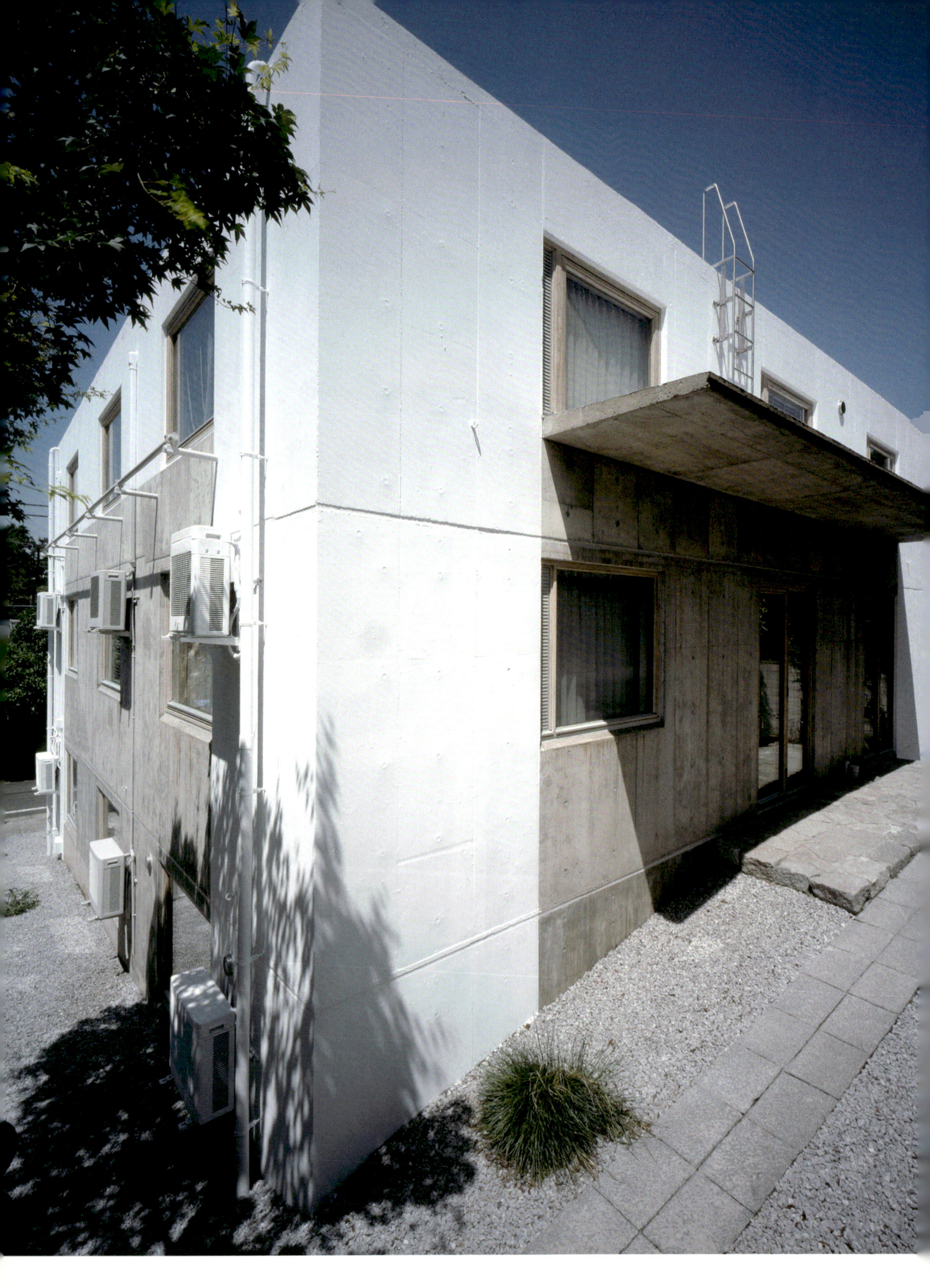

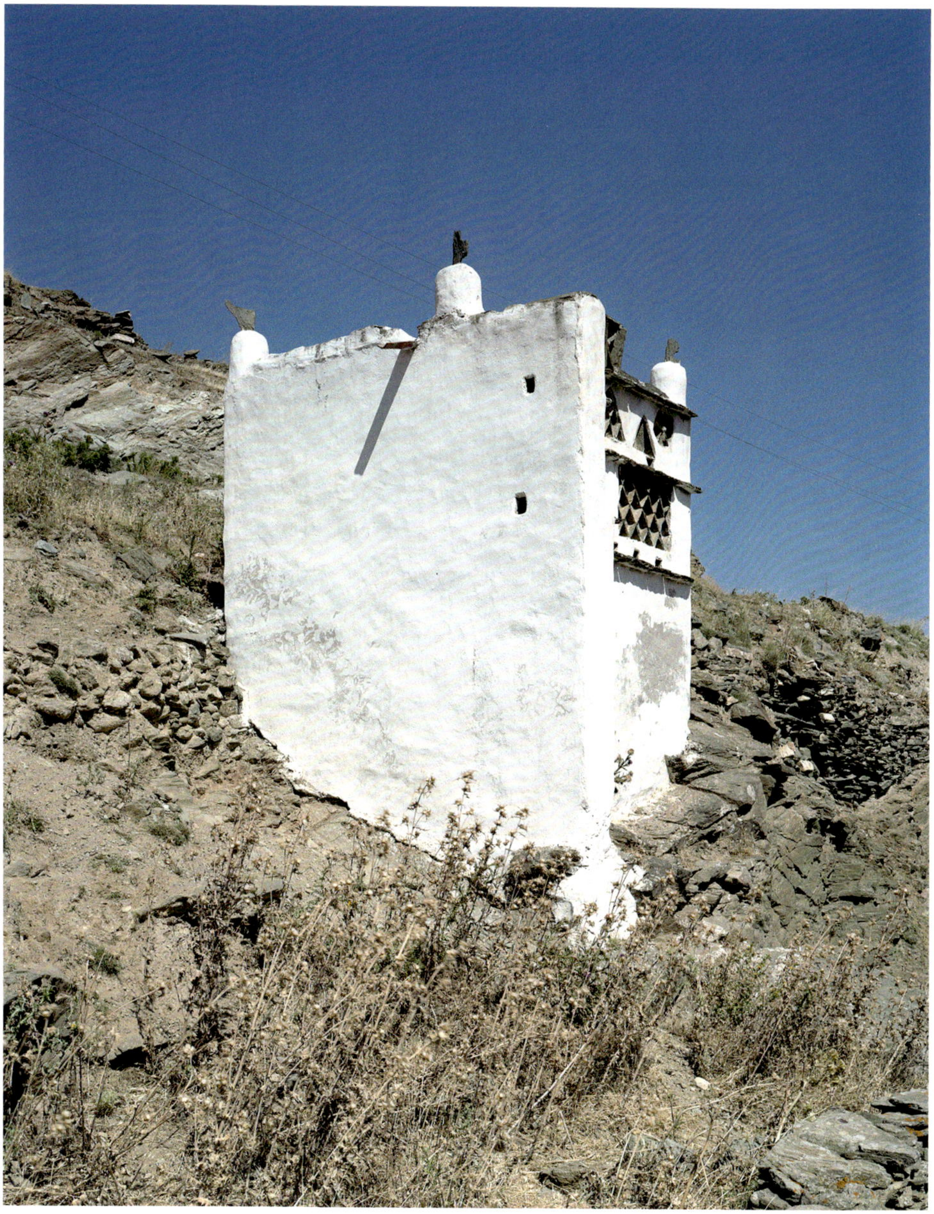

だ。ブーゲンビリアとジャカランダにも見える国籍不明の派手な花は、7月から9月までかわるがわる咲き続ける。サルスベリの花が満開になると、タイルの模様は道路からほとんど見えなくなる。花とタイルが相呼応してファサードの見え方が変わってゆく。咲いたり散ったり、日々の花の移り変わりによって、四季の変化が建築に動きを与えるのだ。冬になるとサルスベリは落葉し、私たちは脚立に登って枝を彫刻的な形に剪定する。この季節は、背景のタイル模様がくっきりと街並に浮かび上がる。

　長らくコンクリート打ち放しだった外観は自分たちで白く塗った。白くなった我が家を眺めていると、イメージしていた姿によく似た家がギリシャにあったことを思い出した。そして5月、私たちはフィンランド経由でまっすぐに南下して、白い鳩小屋のある島へ撮影に向かった。飛行機はまぶしい太陽を求める北欧の家族で満席だ。アテネからティノス島に向かう途中に寄ったミコノス島は、エーゲ海のイメージ通りの青い海に浮かぶ白い街で、快適なホテルやショッピングを楽しむ欧米のバカンス客、日本や中国の新婚旅行のカップルで賑わっていた。しかし、ミコノス島から高速艇で僅か15分のティノス島に着くと、外国人の姿はめっきり消えて、幾度も十字を切る人や膝で歩く巡礼者を目にするようになる。

　ガランガランと丘の上から響き渡る大きな鐘の音に引き寄せられて、ローカルな土産物屋のひしめく参道を登る。どの店も同じような安物のイコンやお守り、ギ

us some large natural stones, of different shapes and about 10 to 60 centimeters thick, with the largest weighing a ton or more. We placed them along the road with the broken surface facing up and arranged randomly like drift ice. They have an ancient power that gives us a sense of megalithic civilizations and the Jomon era. We have added a touch of the primitive to a modern box.

　Japanese houses do not have a concept of a building's "face" or façade. This is a legacy of the long feudal period, when houses were closed off to the street with walls. However, our house faces outward and is open, and we affixed Mexican arabesque tiles to the façade facing the road, except for both end. The tiles portray an angel in relief and an ear of corn, Mexico's principal food source——142. These are handmade tiles of

リシャ人しか買いそうにないキッチュな置物、聖地詣での駄菓子、ティノス産の蜂蜜などをところ狭しと並べている。賑やかな参道を抜けると、たくさんの奇跡を起こしたとされる聖母のイコンを安置するエヴァンゲリストリア大聖堂が現れる。年4回の祭礼にギリシャ中から信者が集まるというだけあって、島の大きさにそぐわない立派な聖堂だ。入り口で線香をもらい、イコンがたくさん掲げられた堂内を進む。やがて大きな鐘の音と共に黒装束の修道士が3名登場しミサが始まった。俗世を離れたストイックな雰囲気は排他的で厳しい。それ故に、この島の強い日差しが、高い天空から降りてくる神の光のようにも思え、神様の島に招かれたのではないかという不思議な安堵感を感じはじめた。ギリシャ人にとってティノスはまさに信仰の島、ギリシャ正教で最も有名な巡礼の地だ。人口わずか1万人の島に750もの教会堂やチャペルが点在しており、村が丸ごと修道院という地域もあって、島全体が神域なのだ。

島に着いた日は穏やかな日だったが、翌朝は恐ろしい轟音で目が覚めた。街中なのに海から吹き付ける強風は台風の最中にいるかのようだ。ティノス島の大きさは沖縄の宮古島や石垣島くらいだが、海岸からいきなり岩山になり、600〜700メートルに達する山頂がいくつもある。海は青く澄んでいてすこぶる美しいが、陸の風景はどこも荒々しく岩が剥き出しになり、高い樹木は少ない。ティノスの人は昔から働き者で知られ、農業が生きていた時代は島のほとんどの斜面が段々畑だったらしく、強

inconsistent thickness and size. They feel massive and primitive. These warm substances made with exactly the same methods as 300 years ago, are added to the modernistic façade to produce an intersection of widely separated times and spaces: the present day and the Baroque era, Tokyo and Mexico. Right in front of this tiled wall, we planted nine crape myrtle trees, which bloom with intensely pink and purple flowers. The flowers bloom and scatter, and the daily changes, with the flowers and tiles acting together, make the façade look different every day.

For a long time, we left the concrete exterior as it was, but then we painted it white ourselves. Looking at our white house, we recalled that houses much like our image exist in Greece. In May, therefore, we flew via Finland and traveled straight south on

150——151 | 日本アニメの顔にも見える
They resemble the face of a Japanese *anime* character.
鳩小屋, ギリシャ　Dovecote, Greece
2008　8×10 inch film

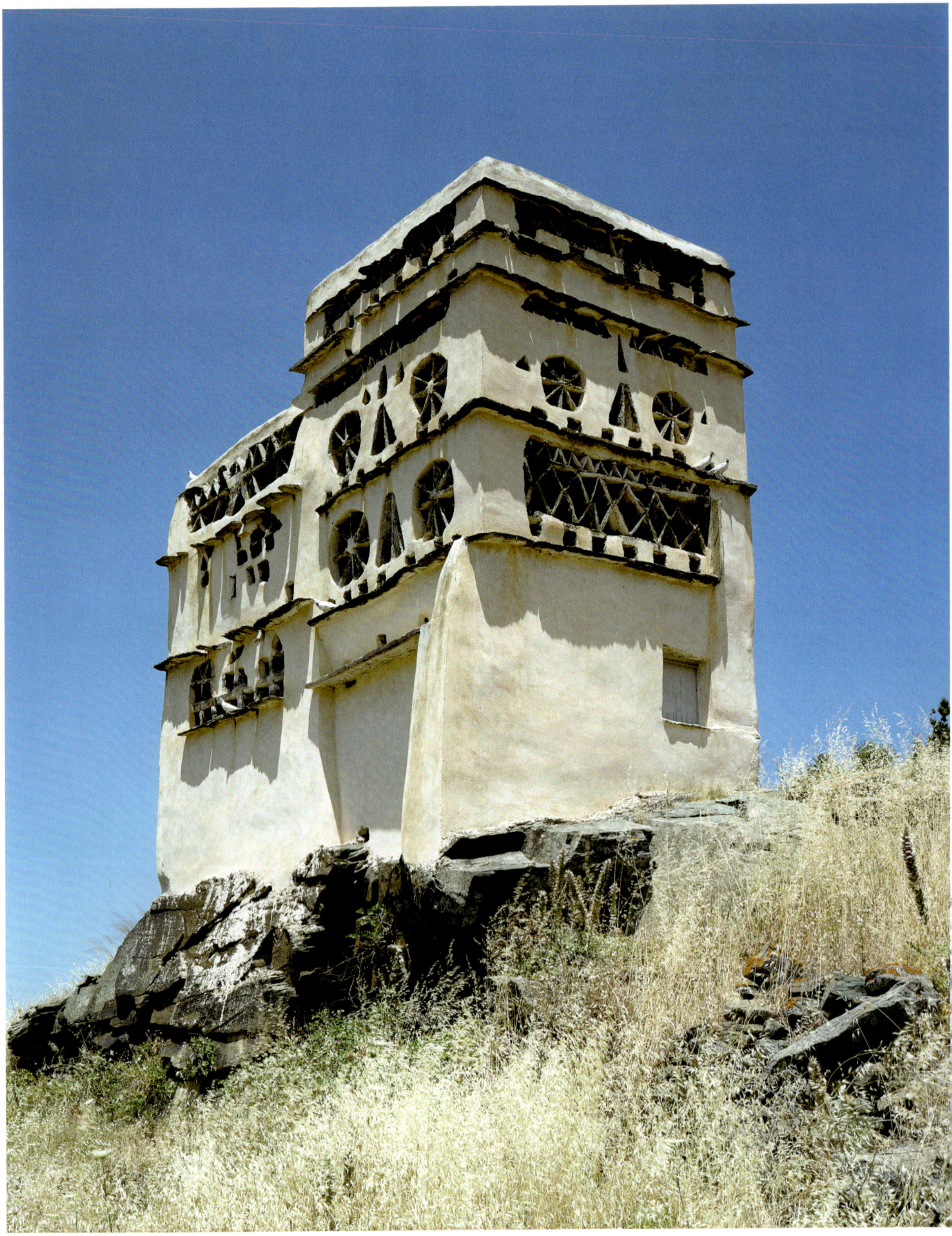

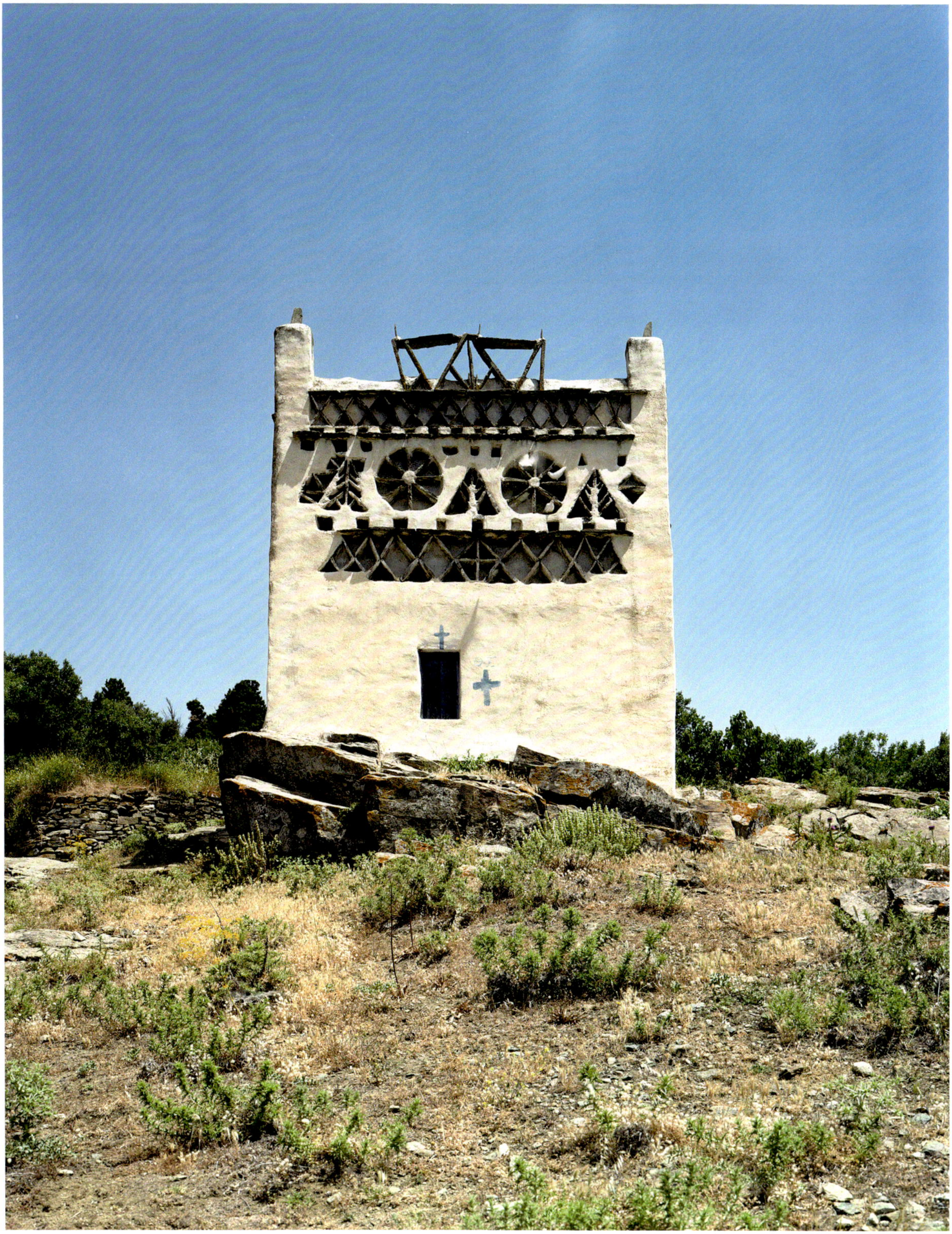

風から畑を守るための立派な石垣が築いてある。昔から大理石の産地ではあったが、石しか資源のない島で、人々は急斜面の岩山を何世紀もかかって畑に改造してきた。斜面に点在する鳩小屋も、働き者のティノス人が競い合ってつくったに違いないが、アニメのような顔型のデザインは、いかにして定着したのだろうか。残念ながらギリシャでも文化の沈滞期とされるオスマン時代の記録は著しく少ないため、それに答えてくれる文献に巡り会えていない。屋根の隅に小さな塔を載せた姿がモスクに見えることから、形態はオスマン建築を模しているように見える。鳩が停まれるように組まれた石板の装飾は、樹木の形を模しているようであって、人の顔にも見える。その複雑で緻密な装飾性はヴェネツィアン・ゴシックに通じているかもしれない。このように、いろいろなイメージを連想できるのは、形態がどこか抽象的でシンボリックだからだ——147。この曖昧なシンボリズムは、名も無い島の人々が身の回りの材料だけで作ったものだ。全体的な計画を伴わない自然発生的な建設過程で作られた造形は多義的だが、シンプルな箱型はエーゲ海の強い光の中でシンボル性を高めている。

　ティノスで600棟現存すると言われる鳩小屋は、1階を農具入れや羊小屋に使用しているもの以外はほとんどが廃墟になり、野性化した鳩と野鳥の巣となっている。初夏は原生の花が咲き乱れ、自生するタイムやフェンネルの香りが立ちこめる季節だ。私たちが目指す鳩小屋は道路から近い段々畑の中に見えるが、この季節は背丈

a photographic trip to an island with white dovecotes. The plane was full of Northern European families in search of brilliant sunlight.

　The 600 or so remaining dovecotes on the island of Tinos are nearly all in ruins, and most contain the nests of feral doves and other wild birds. Early summer wild flowers were blooming in abundance, and the scent of wild thyme and fennel rose from the ground. The dovecotes that we were seeking appeared to be in terraced fields near the road, but waist-high miscanthus and thistles hindered us, and we could not approach them. The dovecotes that are scattered around these slopes are the results of the competitive spirit possessed by the hardworking residents of the island. We wondered how the cartoon-like, face-shaped design had become customary. The little towers at the

ほどあるススキやアザミに阻まれてなかなか近寄れない。足下には空を飛べない大きなピンク色の蛇がニョロニョロ現れて閉口する。野生の鳩は警戒心がとても強く、大きなカメラを持って鳩小屋に近づいて行くといっせいに飛び立ってしまう。しばらくすると一羽二羽がちょこちょこと様子を窺いに来て、なぜか撮影が終ってカメラをしまうと皆戻ってくる。鳩小屋のある場所は川に近く、畑に近く、日当たりが良く、風が弱いところだ。鳩は大量の水を吸引して飲む習慣があるので川に近く、肥料になる糞を落とすので畑に近い。ティノスにしては比較的風の弱い谷の斜面が選ばれているが、それでも鳩が強風で煽られ、離着陸に苦労している姿を見かける。小屋の材料は主に粘板岩で、地盤を割ってそのまま岩盤の上に積み上げ、表面は石灰で白く塗り固めている。雨期はかなり雨が降るので防水対策が必要なのだ。鳩小屋のデザインの基調となっている、目鼻や口の部分は、薄く割った石を組んでつくられている。鳩は繁殖つがい率の高い鳥なので、すぐにつがいになって子を際限なくつくり集団となる。鳩は集団を好むが、つがい以外は隣同士くっつくことを嫌う習性がある。こうした薄い石板の構造は、隣の鳩同士が顔を合わせないように考案されたとみられる。島に鳩の飼育を伝えたのは、13世紀初頭から18世紀初頭まで地域を支配したヴェネツィア共和国で、当初は通信手段として持ち込まれたという。やがて食用のために組織的に飼育され、有力な商品としてビザンチン、今のイスタンブールにまで売られていたらし

corners of the roofs made the dovecotes look like mosques, so it looks as if their form was designed during the Ottoman era. The stone slab ornamentation assembled so that the doves can roost there is patterned after tree branches and also looks like human faces. That complicated and finely detailed ornamentation may be traceable to the Venetian Gothic style. Thus the reason that we can call to mind so many different images is that the form is somehow abstract and yet symbolic——147. Anonymous islanders created this vague symbolism using only the materials easily available to them. These forms, built without any overall plan as if by spontaneous generation, have many possible meanings, but the simple box-like shapes take on a greater symbolism standing in the light of the bright Aegean sun.

155 | 神の住まう天空と人間の住まう大地を結びつける
Entities that unite Heaven, the home of God, and Earth, the home of humanity
鳩小屋, ギリシャ　Dovecote, Greece
2008　4×5 inch film

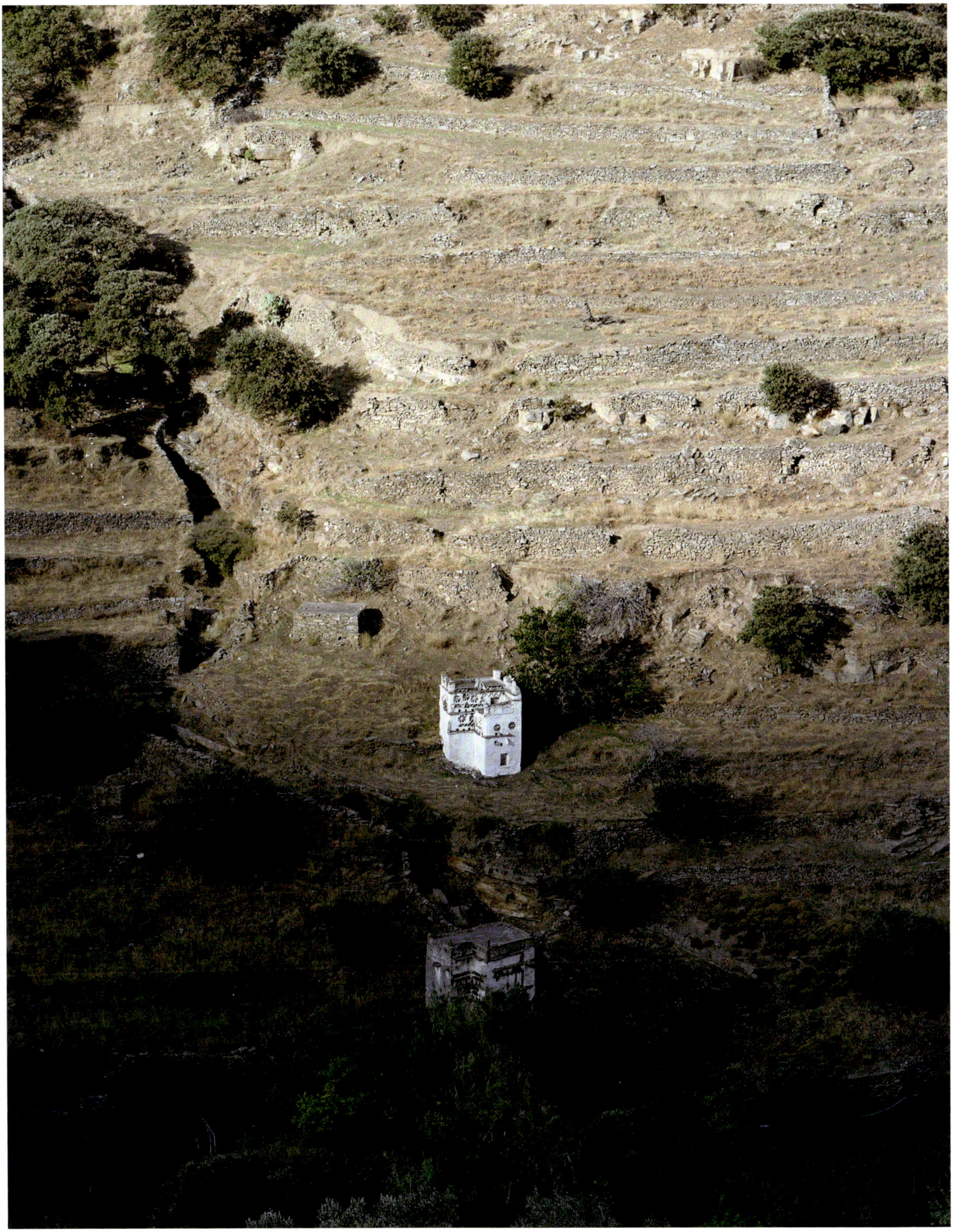

い。現在は、ティノスの中心ホラの街から近いクティカドス村で9月から食べられる以外は、島で鳩を食する機会はほとんどない。ヴェネツィア共和国の撤退後も鳩を飼育する習慣は続き、現存する鳩小屋は18〜19世紀のオスマン・トルコ帝国の支配する時代になってからのものだ。

　　鳩は、人類が神話的な世界に生きていた時代から、ヨーロッパや中近東、中国でも農地に糞を与え、食肉ともなり非常に尊重されていた。さらに、帰ってくるという特性により、通信手段として珍重されていた時代も長い。このように大切に飼育され、鳥類の中で一番人に近いところにいた鳩には、古代よりいろいろな役割が与えられていた。神話の伝承でもあるグリム童話に登場する「灰かぶり」で、2羽の鳩があれこれとシンデレラを助けてくれる様子が描かれているのも、自然に宿る神の力を人間に伝える役割を鳩に託しているからだ。古代より鳩は冥界と現界を行き来するものと考えられていた。ギリシャ神話で美と愛を司る女神アフロディテの使いの鳥も鳩で、生命の果実の実る冥界から、くちばしで不死を与える食べ物を運んだとされる。アフロディテはローマ神話ではビーナスにあたり、冥界の女神であったことから墓を司るとも考えられ、古代ローマ人は墓地や霊廟を鳩小屋と呼んでいた。鳩が運ぶ魂が集う場所として、神の家、のちにキリスト教の聖堂も鳩小屋に比喩されるようになった。鳩は聖霊のシンボルとされ、死んだ聖人の口から魂となって飛び去る白い鳩や、

　　The doves that we saw in Greece were of the lovely white color described in mythology and the Bible. They fly in and out of the dovecotes through openings that resemble the face of a Japanese *anime* character——150-151. It almost looks as if the Holy Spirit is flying in and out of the openings. When I looked up at the dovecotes on the edge of a ledge, I noticed that this form represented an edge uniting Earth and heaven, mediated by the movements of the doves. The dovecotes of Tinos were designed as entities that unite Heaven, the home of God, and Earth, the home of humanity——155.

夫に拠らずに受胎したマリアに告知する白い鳩の姿はキリスト教絵画に度々現れる題材だ。

　ギリシャの鳩は美しい白色だった。神話や聖書に出てくるイメージどおりだ。日本アニメの顔にも見える——150-151 不思議な鳩小屋の目や口から、白い鳩が出たり入ったりする。それはまるで精霊が出入りしているようにも見える。崖の上の鳩小屋を見上げていると、この造形が、白い鳩の動きを媒介として地上と天空を結ぶエッジを表現したものであることに気がついた。ティノスの鳩小屋は神の住まう天空と人間の住まう大地を結びつける——155 存在としてデザインされているのだ。

159｜私たちの「東京の家」
Our Eclectic Tokyo Home
2013　4×5 inch film

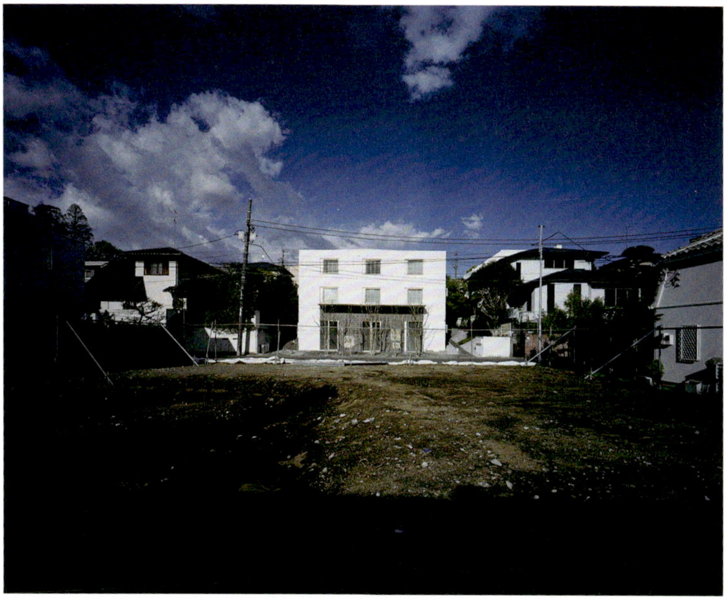

尾形一郎

京都生まれ。早稲田大学大学院理工学研究科建築計画修了。

尾形 優

東京生まれ。早稲田大学理工学部建築学科卒業。

主な写真集・著書
『HOUSE』(フォイル、2009年)
『極彩色メキシコ巡礼』(晶文社、2001年)[以下、小野一郎]
『MEXICO：BAROQUE』『MEXICO：HOTELS』
『MEXICO：ICONS』(アスペクト、2000年)
『Divine Excess』(Chronicle Books、1996年)
『ウルトラバロック』(新潮社、1995年)

http://yoioo.com/

Ichiro Ogata Ono

Born in Kyoto. Graduated from the Graduate school of Architecture, Waseda University, Master of Engineering

Yu Ogata

Born in Tokyo. Graduated from Waseda University, Department of Architecture

Selected Books
HOUSE, Foil, Japan, 2009
A Pilgrimage to Vibrantly Colored Mexico, Shobunsha, Japan, 2001
Mexico: Baroque, Aspect, Japan, 2000
Mexico: Hotels, Aspect, Japan, 2000
Mexico: Icons, Joint authorship, Aspect, Japan, 2000
Divine Excess, Chronicle Books, U.S.A., 1996
Ultra Baroque, Shinchosha, Japan, 1995

私たちの「東京の家」

2014年9月30日　初版

著者／写真	尾形一郎　尾形 優
ブックデザイン	原 研哉＋大橋香菜子
翻訳	カレン・サンドネス＋岡口夏織
発行者	羽鳥和芳
発行所	株式会社 羽鳥書店
	113-0022 東京都文京区千駄木5-2-13-1F
	Tel 03-3823-9319(編集)／9320(営業)
	Fax 03-3823-9321
	http://www.hatorishoten.co.jp/
印刷・製本	株式会社 サンエムカラー

Our Eclectic Tokyo Home

First Published in Japan, September 30, 2014

Author / Photograph	Ichiro Ogata Ono, Yu Ogata
Book Design	Kenya Hara, Kanako Ohashi
Translation	Karen Sandness, Kaori Okaguchi
Publisher	Hatori Press, Inc.
	5-2-13-1F, Sendagi, Bunkyo-ku,
	Tokyo 113-0022, Japan
	Tel +81(0)3-3823-9319, 9320
	Fax +81(0)3-3823-9321
	http://www.hatorishoten.co.jp/
Printing & Binding	SunM Color Co., Ltd.

©2014 Ichiro Ogata Ono, Yu Ogata
Printed in Japan ISBN 978-4-904702-47-5

All rights reserved.
No part of this publication may be reproduced without written permission from the publisher.
本書の無断写写、転載、複製を禁じます。